# LE BOUDDHISME

Cécile Becker

# LE BOUDDHISME

Deuxième tirage 2016

EYROLLES

Groupe Eyrolles
61, bd Saint-Germain
75240 Paris Cedex 05
www.editions-eyrolles.com

Ouvrage dirigé par Alexandre Astier

Cet ouvrage a fait l'objet d'un reconditionnement à l'occasion de son deuxième tirage (nouvelle couverture et nouvelle maquette intérieure).
Le texte reste inchangé par rapport au tirage précédent.

Mise en pages : Istria


ISBN : 978-2-212-56362-7

# Remerciements

Pour leurs conseils précieux, pour leurs relectures, je remercie Catherine Despeux, Valérie Zaleski, Laurianne Bruneau, Jean-Pierre Berthon, Jean-Claude Hein et Éric Mollet.

Pour leur soutien constant et leur affectueuse présence à mes côtés, je remercie tous les miens.

| Conventions orthographiques et prononciation des caractères translittérés |
|---|
| Les mots translittérés ne portent pas la marque du pluriel français. |
| u se prononce *ou* |
| Les voyelles surmontées d'un trait sont longues |
| e, ai, au se prononcent *é, aï, ao* |
| ṛ se prononce *ri* en roulant le r |
| c se prononce *tch* |
| j se prononce *dj* |
| ś se prononce *ch* |
| s se prononce *s* et non z entre deux voyelles |
| ṣ se prononce entre *s* français et *ch* |
| g se prononce *g* même avant une voyelle. |

N.B. : Les conventions orthographiques sont homogénéisées dans le corps du texte. Les références bibliographiques conservent les conventions choisies par les différents éditeurs.

# SOMMAIRE

## Carte de l'Asie

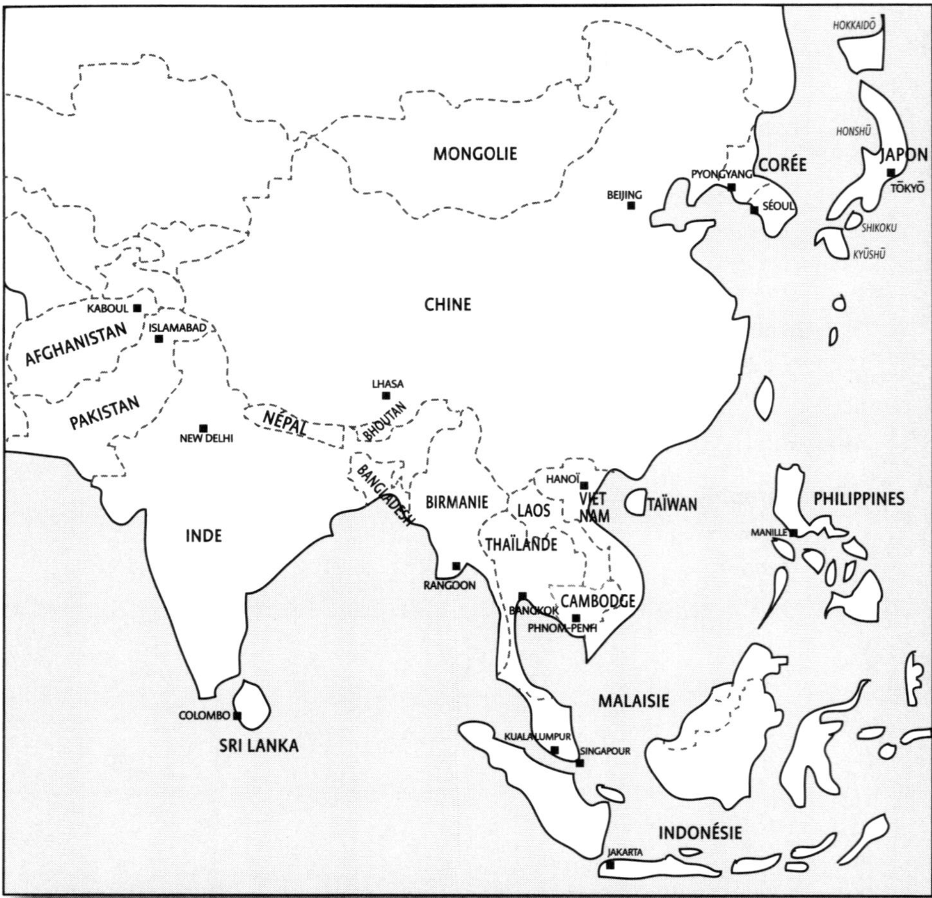

INTRODUCTION

# JUSTE AVANT LE BUDDHA

## L'Inde du Nord-Est aux VII^e^-VI^e^ siècles avant J.-C.

Si la naissance du bouddhisme en Inde du Nord-Est au VI^e^ siècle avant J.-C. a pour fondements l'expérience singulière et l'enseignement de son fondateur, elle n'est pas, au regard des développements religieux du sous-continent indien, un phénomène fortuit. Comme l'émergence d'autres mouvements religieux, elle s'inscrit dans un contexte culturel spécifique dont il est possible de dessiner les premiers contours. Cela, grâce à deux types de sources distinctes. Un corpus religieux parvenu jusqu'à nous sous une forme écrite après bien des siècles de transmission orale et un abondant matériel archéologique exhumé dans différentes régions de l'Inde. Ce dernier permet d'éclairer des réalités qui, tantôt corroborent les informations livrées par le corpus textuel, tantôt s'en distinguent pour les nuancer.

La mise en regard de ces deux types de sources permet aujourd'hui de :

- découvrir un paysage culturel et religieux plus diversifié qu'on ne l'a souvent présenté ;
- mieux évaluer l'apport et les limites des traditions écrites dominantes qui nous sont parvenues ;
- mieux reconnaître l'apport de traditions religieuses ayant élaboré des systèmes culturels fortement ancrés régionalement

et capables de s'imposer et de se diffuser sans recours à un corpus scripturaire identifiable.

## La culture védique

La culture védique qui s'est constituée en Inde est celle d'une aristocratie dont les acteurs les plus puissants se désignent eux-mêmes sous le terme sanskrit d'*ārya* (les nobles). Ils se distinguent par des usages rituels qui consistent à :

- lutter contre les forces de l'obscurité en honorant de nombreuses puissances divines ;
- rendre un culte au feu par des offrandes abondantes et des sacrifices ;
- faire usage d'une parole sacrée au moyen de récitations et de prières ;
- acquérir des pouvoirs hors du commun grâce à la consommation d'une liqueur sacrificielle.

Ces usages les séparent des *dāsa*, ou *dāsyu*, ces « autres », ces « gens du dehors » qui ne sacrifient pas et sont prêts à subtiliser les richesses destinées aux rituels des *ārya*.

Les positions des historiens concernant l'origine des *ārya* ont longtemps fait prévaloir l'hypothèse « invasionniste ». Supposés être originaires des régions de Russie méridionale, les *ārya* auraient ainsi franchi les rives de l'Indus vers 1700 avant J.-C. pour s'installer dans la région du Penjab. Ils auraient ensuite progressé vers la moyenne vallée du Gange à partir du début du Ier millénaire. Diffusant leurs référents religieux et leurs usages linguistiques, leur présence se serait imposée pour ne laisser qu'une place négligeable aux langues et cultures préexistantes.

Cette hypothèse, diversement contestée, laisse à présent place à des scénarios différents[1] qui :

- renoncent à la réalité d'une invasion à partir d'un foyer central ;
- soutiennent les origines indiennes de la culture védique ;
- observent la diversité régionale des expressions de cette dernière ;
- font état d'éléments culturels autres que ceux dont témoignent les sources védiques.

Ce qui nous est parvenu des conceptions religieuses des *ārya* et des éléments de leur culture matérielle se dégage des *Veda*. Les *Veda* désignent un vaste corpus religieux, composé en sanskrit archaïque. Ils constituent un apport déterminant pour la connaissance de la genèse de l'hindouisme et éclairent aussi certains éléments relatifs à l'émergence du jaïnisme et du bouddhisme. C'est en effet en se positionnant dans un rapport inégal de proximité ou de distance quant à la culture védique que se sont dessinées ces nouvelles propositions religieuses. Elles allaient en particulier discuter, contester ou réorienter plusieurs des composantes de ses usages socioreligieux, en particulier ceux liés au rituel.

Le rituel védique est avant tout un acte sacrificiel *(yajña)* d'hommage et d'offrande à des puissances sacrées. On leur destine des nourritures végétales ou animales qui sont soit cuisinées ou abandonnées au feu (ce sont les oblations), soit versées sur le sol (ce sont les libations). On attend de ce rituel des bienfaits et des protections de la part des dieux qui en sont bénéficiaires. Éloigner les ennemis, obtenir ardeur au combat, longévité et descendance, faire prospérer les troupeaux, bénéficier de richesses : telles en sont les premières attentes. Elles ne sont toutefois pas limitatives et la

1. On verra à ce sujet :

*Ashvini Agrawal* Contributed papers presented at International seminar "The Search for Vedic-Harappan Relationship" organized by Panjab University, Chandigarh. Aryan Books International, 2005.

J.-Fr. Jarrige, « Du néolithique à la civilisation de l'Inde ancienne », in *Arts asiatiques*, Vol. L-1995, EFEO, 1995.

portée du rituel védique s'est étendue à des conceptions plus vastes, en même temps que se diversifiaient ses modalités liturgiques.

C'est en revenant à la racine sanskrite du mot « rite » (*ṛta*[2]), « agencement », que l'on comprend une autre fonction essentielle du sacrifice védique : celle d'ordonner, d'organiser, de ré-agréger les parties d'un tout dont la cohérence aurait été mise à mal. Ce tout est en premier lieu l'ordre spatial et temporel de l'univers : le *dharma*.

Dans ce contexte, le roi, garant de la pérennité des richesses et de la stabilité du *dharma*, devenait le commanditaire par excellence des rites les plus prestigieux. Il avait pour cela recours aux brahmanes qui constituaient un corps de spécialistes de la liturgie versés dans la connaissance des *Veda*. Le nombre de ces spécialistes, la rectitude de leur savoir-faire rituel, l'abondance des offrandes, l'ampleur des préparatifs nécessaires aux célébrations, garantissaient le soutien des puissances sacrées, l'harmonie sociale et la stabilité de l'ordre cosmique.

À la faveur d'une économie rendue prospère grâce à des progrès dans le domaine de l'outillage, du déboisement et de l'élevage du bétail, les rites solennels prirent une nouvelle ampleur aux alentours du VII^e^ siècle avant J.-C. Le dispositif rituel suscita bientôt des dépenses considérables (en bétail, en ressources somptuaires, en honoraires rituels…) et renforça une alliance structurante de la société védique : celle des *kṣatriya* (les princes et guerriers) et des brahmanes (les spécialistes de la science rituelle). La prééminence de ces deux groupes limitait le rôle d'un troisième de plus en plus présent sur la scène économique : celui des *vaiśya* (les producteurs et marchands). Il laissait par ailleurs pour compte celui des *śūdra* (les serviteurs) et tous ceux qui ne faisaient pas partie de la société des *ārya*. Ceci, nous le verrons, n'allait pas rester sans incidence sur l'émergence et le succès de mouvements religieux contestant l'ordre védique.

2. Prononcé rita.

## Contestations

Au VII$^{e}$ siècle avant l'ère chrétienne, de nouveaux acteurs religieux, les *śraman* (les ascètes errants), s'imposent comme maîtres spirituels à la tête de communautés de disciples plus ou moins importantes. Ils mettent en cause la suprématie des brahmanes, dévalorisent ou réorientent les perspectives du rituel et font entendre de nouvelles aspirations religieuses.

Les *Upaniṣad* sont parmi les sources les plus anciennes qui en portent témoignage. Bien que les données chronologiques soient toujours difficiles à établir, elles seront suivies par les enseignements des premiers maîtres du jaïnisme, par ceux du Buddha et ceux de groupes dont l'histoire a gardé peu de traces. Des quelque soixante-deux groupes mentionnés par les sources bouddhiques ou les 363 groupes mentionnés par les sources jaïnes, beaucoup périclitèrent. Attachées à certains d'entre eux toutefois, apparaissent les figures de maîtres dont l'enseignement préparait l'émergence des écoles de l'hindouisme classique.

Par-delà leurs différences, plusieurs convictions communes réunirent ces mouvements. Parmi les plus importantes d'entre elles figure celle du constat que les souffrances inhérentes à la condition humaine ne sont jamais apaisées par le rituel et les offrandes faites aux dieux. Il est aussi entendu que cette condition humaine est aliénée à un cycle réitéré de vies et de renaissances (le *saṃsāra*) mais qu'une délivrance de ce cycle (la *mokṣa*) est toutefois possible. Enfin, se substituant à l'impératif de la rectitude rituelle, se dessine progressivement l'impératif d'une conduite morale et la valorisation de la vie renoncée. La figure du maître auprès duquel s'assied le disciple et celle du renonçant occupé par ses méditations animent désormais la vie spirituelle et intellectuelle de l'Inde avec plus d'intensité. La forêt et ses ermitages deviennent des lieux d'expériences religieuses et de prises de conscience nouvelles de l'intériorité.

# Hors ou à la limite de la sphère védique

S'ils sont assez fréquemment oubliés, tant les données les concernant sont rares et délicates à interpréter, il paraît important ici de prendre en compte tous ceux qui, à la veille de l'émergence du bouddhisme en Inde, n'étaient que peu – ou pas – intégrés à la sphère védique. Des usages funéraires et religieux dont il n'est pas question dans les *Veda*, des organisations sociales et politiques singulières ainsi que des pratiques d'échanges et de commerce ont suffisamment laissé de traces pour attester l'existence de communautés évoluées et dynamiques que les *ārya* tenaient pour des *dāsa*.

### De récentes découvertes archéologiques

Les données archéologiques multipliées depuis une quinzaine d'années ont mis en évidence quelque 2 000 sites occupés par des communautés de tradition mégalithique dans toute la péninsule indienne sur une période allant de la fin du IIe millénaire avant J.-C. au IIIe siècle après J.-C. Ces communautés, aux spécificités régionales marquées, utilisaient le fer et édifiaient des enclos sacrés constitués de grandes pierres. Ils pouvaient entourer des sépultures plus ou moins importantes, certaines contenant des urnes, d'autres des espaces funéraires élaborés. Le commerce et les échanges sont attestés au sein de ces communautés qui bénéficièrent, elles aussi, des progrès économiques, techniques et agricoles du milieu du Ier millénaire avant J.-C.

Outre ces usages religieux et ces pratiques d'échanges, les historiens attestent par des sources littéraires cette fois (jaïnes et bouddhiques), l'existence en Inde du Nord d'organisations sociopolitiques autres que la monarchie védique. Les *ganasaṃgha* qui se développèrent furent de petits États, des gouvernements claniques comparés à des républiques. Quels que furent leur fonctionnement, ces États n'étaient pas dépendants d'une alliance avec les forces divines scellée par le rituel, comme l'était la monarchie védique. Leur dynamisme interne, stimulé par les conditions économiques favorables et l'émergence de guildes professionnelles, faisait d'eux des concurrents réels aux systèmes monarchiques. Ils contribuèrent pour une large part à l'urbanisation de la moyenne vallée du Gange tels qu'en témoignent les vestiges des villes de Vānārasī, Rājagṛha ou Śrāvastī. Ils entretinrent aussi des contacts plus ou moins nourris avec les milieux védiques. De fait, les différents systèmes socioculturels présents en Inde à la veille de l'émergence du bouddhisme dessinent un paysage qu'il convient de considérer avec ses nuances, sans occulter les interactions qui purent soit vivifier, soit affaiblir chacun de ses acteurs. Les frontières religieuses ne furent jamais tracées de façon exclusive dans l'histoire ancienne de l'Inde. Des jeux de chevauchements, d'emprunts, d'appropriations les plus divers y furent constamment pratiqués. Ainsi, bien que les tentatives de distinction et de différenciation puissent avoir leur utilité didactique, elles ne doivent pas occulter les zones de contact, de porosité entre des communautés socioreligieuses, qu'il s'agisse de leurs croyances, de leurs représentations, ou de leurs pratiques.

Comment dans ce contexte la personnalité du Buddha a-t-elle émergé ? Comment son enseignement s'est-il fait entendre ? Comment la communauté qu'il fonda a-t-elle prospéré ? C'est à ces questions que cette première partie est consacrée.

PARTIE 1

# L'ÉMERGENCE DU BOUDDHISME EN INDE

Comment restituer les débuts du bouddhisme ?

Les matériaux dont disposent les historiens pour tenter de restituer les premières manifestations du bouddhisme en Inde constituent un ensemble d'éléments hétérogènes apparus, pour les plus anciens, près de deux siècles et demi après la date supposée de la mort du Buddha.

On peut distinguer d'une part une abondante littérature à vocation édifiante ou normative (les enseignements, les règles monastiques, etc.), d'autre part un matériel épigraphique et archéologique qui, comme l'a fait remarquer Gregory Schopen[3], restitue sans doute davantage la réalité des croyances et des pratiques effectives que la norme prescrite par les textes. Cet historien américain a également souligné le fait que ces deux grandes catégories de documents avaient trop longtemps été inégalement étudiées. Les sources épigraphiques et archéologiques pourtant localisées et datées avec assez de précision furent en effet longtemps négligées au bénéfice des sources littéraires dont la datation, non seulement difficile à établir, est souvent tardive. Des controverses parfois vives à ce sujet ont opposé les savants bouddhistes et les universitaires non bouddhistes. C'est toutefois en étudiant minutieusement les données épigraphiques et en leur accordant un crédit égal à celui des données scripturaires que la connaissance des premiers siècles de l'histoire du bouddhisme en Inde s'est considérablement précisée et nuancée depuis quelques années.

3. Gregory Schopen, *Bones, Stones and Buddhist Monks, Collected Papers on the Archeology, Epigraphy, and textes of Monastic Buddhism in India*, University of Hawaï press, Honolulu, 1997.

Les principaux sites bouddhiques de l'Inde

CHAPITRE 1

# LE BUDDHA

**Au programme**

- Les premières sources concernant le Buddha
- Une vie ? Plusieurs vies ?
- La dernière vie du Buddha
- Au fil des récits : des événements merveilleux, un maître exemplaire
- Comment distinguer le Buddha d'autres religieux charismatiques

Que savons-nous vraiment du fondateur du bouddhisme ? Fut-il vraiment un personnage exceptionnel ?

Le mot *buddha* fut utilisé en Inde ancienne dans un contexte culturel plus ancien et plus large que celui du bouddhisme. Ce mot est un adjectif qui vient de la racine sanskrite *budh-*. Elle couvre un large champ de significations : se réveiller, percevoir, reconnaître, reprendre connaissance, savoir, comprendre… Le mot *bodhi* – qui en découle – désigne l'esprit, l'intelligence, le discernement, la compréhension, la connaissance, la science… Le mot *buddha* désigne ainsi celui qui est réveillé, éveillé, intelligent, sage, celui qui a compris. Le mot *Buddha*, « Éveillé », que l'on écrit avec une majuscule pour désigner le fondateur du bouddhisme, est donc un « titre » et non un nom propre.

Présent dans certains textes, le nom personnel du Buddha est celui de sa lignée : Gotama (en pāli) ou Gautama (en sanskrit). Apparaît aussi le nom de son clan – celui des Śākya – dans le composé

Śākyamuni : « le silencieux ou le sage des Śākya ». Le prénom Siddhārtha signifie quant à lui « celui qui a accompli son but ».

Une multitude d'autres termes se substituent à celui de *buddha* : l'Omniscient, le Bienheureux, le Vainqueur, l'Incomparable, l'Ainsi-allé... Certaines sources reconnaissent 108 noms au Buddha, ce qui n'est pas étonnant en Inde où ce chiffre est sacré. Cette diversité montre que l'identité de l'Éveillé et ses qualités furent volontiers discutées, étendues, redéfinies en fonction de ce que l'on avait à en dire.

Aux questions simples « qu'est-ce que le Buddha ? » ou « qui est le Buddha ? », il n'y a pas de réponse définitive mais une multitude de points de vue. Ils dépendent des orientations doctrinales, des époques mais aussi des contextes culturels dans lesquels ils ont été formulés.

C'est avec les sources indiennes qui s'étendent du IIIe siècle avant J.-C. aux débuts de l'ère chrétienne que l'on peut dégager les plus anciens éléments permettant d'éclairer ce qui fut dit, d'abord, de la personnalité du Buddha.

## Les premières sources concernant le Buddha

### Les édits d'Aśoka

Les premiers documents faisant mention de l'existence du Buddha sont des textes que l'on a pris l'habitude de nommer *Les édits d'Aśoka*. Ces données épigraphiques, datées des environs de 250 avant J.-C., furent gravées sur des rochers et des piliers sous l'ordonnance du roi Aśoka de la dynastie des Maurya. Ce dernier, devenu le modèle du monarque vertueux, promulgua par ces écrits les grands axes de sa politique. C'est dans l'un d'eux, l'édit de Bhabru précisément, qu'il déclara sa foi en la personne du Buddha, en sa Loi et en sa communauté.

Bien qu'aucune information concernant la vie de l'Éveillé lui-même ne soit présente dans ces édits, quelques-uns de ses enseignements sont cités. Ils n'ont cependant pas pu être rapprochés des documents qui sont parvenus jusqu'à nous.

## Premiers reliefs narratifs

À la suite de ces édits viennent les premières expressions connues de l'art bouddhique : les monuments de Bhārhut, de Sāñcī et, un peu plus tard, ceux de la côte de l'Andhra Pradesh. Leurs reliefs narratifs, symboliques et décoratifs ainsi que les inscriptions dédicatoires qui les accompagnent ont été datés de la fin du IIe siècle avant J.-C. aux premiers siècles de l'ère chrétienne.

On peut ensuite dater les plus anciennes sources doctrinales écrites provenant du Sri Lanka des environs de l'ère chrétienne. Comme c'est le cas pour de nombreux corpus religieux en Inde, il est habituel de supposer des compositions antérieures. Les écoles bouddhiques des pays d'Asie du Sud-Est sont assez affirmatives au sujet de ces datations hautes. Dans l'état des connaissances actuelles, les éléments historiques tangibles et surtout archéologiques font toutefois défaut.

### Le Buddha a-t-il vraiment existé ?

De cet ensemble de premières sources, et de celles qui sont venues ultérieurement, aucune ne permet d'attester l'exactitude d'événements relatifs à la vie du Buddha. Si l'historicité du personnage n'est guère discutée, les recoupements établis par les historiens ne permettent pas de proposer de datation définitive pour le début et la fin de sa vie. Les chercheurs situent généralement sa naissance soit en 566 avant J.-C., soit en 448 avant J.-C. et sa mort, quatre-vingts ans après ces dates. La notion de Buddha « historique » est donc une notion extrêmement ténue si l'on se réfère strictement à la discipline des historiens.

Elle acquiert une autre signification si l'on considère les conceptions du temps telles qu'elles se dessinent dans les textes religieux. En fonction des écoles et des périodes, les cosmologies bouddhiques ont en effet désigné des ères cosmiques se succédant les unes aux autres ou se multipliant simultanément à l'infini.

Chacune de ces ères est éclairée par l'enseignement d'un *buddha*. Le Buddha « historique » est, dans ce contexte, celui qui se manifeste durant la période cosmique dans lesquels nous vivons. Plusieurs *buddha* le précédèrent. D'autres lui succéderont. Selon certains textes une multitude de *buddha* peuplent d'ores et déjà des univers lointains et y assurent la prédication de la Loi.

## Une vie ? Plusieurs vies ?

La notion de *saṃsāra*, le cycle des vies et des renaissances, a déjà été évoquée. Le Buddha « historique » fut lui-même soumis à une longue errance au sein de ce cycle. Si son ultime existence a la plus grande exemplarité, elle fut précédée par de nombreuses étapes vers la perfection.

Les récits des existences antérieures du Buddha ont fait l'objet d'un recueil de 547 histoires très populaires : les *Jātaka*. Fixées par écrit en langue pālie vers le v^e^ siècle, elles jouissaient déjà d'une popularité bien établie aux II^e^-I^er^ siècles avant J.-C. puisque plusieurs d'entre elles furent représentées sur les monuments de Bhārhut et de Sāñcī.

Le Buddha est désigné dans les *Jātaka* sous le terme de *bodhisattva* (l'être promis à l'éveil). Il y naît sous la forme d'un singe, d'une antilope, d'un cerf aux bois d'or, d'un roi… et devient le protagoniste principal d'une courte fable édifiante et parfois amusante. Les vertus du courage, de la générosité, de la patience sont illustrées lorsqu'il met à mal la prodigalité d'un marchand, l'immodération d'un ministre, le manque de pudeur ou la cruauté d'une démone…

Prologue au commentaire des *Jātaka*, la *Nidānakathā* permet de comprendre pourquoi le Buddha décida d'une ultime naissance humaine et non d'une naissance divine, plus heureuse à première vue. Si les dieux jouissent d'une très longue félicité, leur conscience demeure attachée à la joie de ne plus être agitée par le jeu des pensées. Leur vie est donc fort longue et heureuse mais d'une félicité imparfaite, encore liée au *saṃsāra*. Les conceptions bouddhiques considèrent que la destinée des hommes est la plus enviable pour qui souhaite s'affranchir de ce cycle. Si le désir et l'ignorance y attachent les êtres à la souffrance, cette souffrance peut stimuler l'aspiration à la libération du cycle des vies et des renaissances. Aussi, malgré les peines qui lui sont liées, la condition humaine offre-t-elle la possibilité de la délivrance.

## La dernière vie du Buddha

Restituer le récit des épisodes essentiels de la dernière vie du Buddha est à la fois simple et complexe. Simple, car comme les *Jātaka*, ces épisodes font partie de la culture et de la mémoire de chaque fidèle et sont largement véhiculés. Complexe, car les nuances et les variantes apportées dans ce domaine ne manquent pas. Qu'il s'agisse des traditions orales (populaires ou savantes), des sources scripturaires (très souvent lacunaires) ou des sources iconographiques.

L'Inde a toujours accordé à la parole un pouvoir et un statut particulièrement prestigieux. Les savoirs, si vastes soient-ils, y furent mémorisés puis transmis oralement dans les communautés religieuses. Les récits relatifs à la vie du Buddha relevèrent donc tout d'abord de la tradition orale. Vint ensuite un langage narratif en images exprimé dans le premier art bouddhique. Vinrent enfin les documents écrits.

Pas plus qu'il n'existe de version « officielle » ou « autorisée » de la vie du Buddha, il n'existe pour les périodes anciennes de document qui en fasse la narration complète. Les textes en pāli, réputés les plus anciens, sont très fragmentaires à ce sujet et s'intéressent peu à ce thème. Ils illustrent toutefois les sermons grâce à des anecdotes ou des événements dont la présentation se nuance en fonction du rôle didactique qu'on leur assigne. Les textes plus tardifs en sanskrit accordent pour certains une plus large place à la biographie du Buddha. Plus développés, ils sont aussi plus diversifiés dans leurs formes littéraires. Comme les textes pālis, ils ajoutent ou retranchent leurs lots de détails en fonction du message qu'ils ont à délivrer. Bien plus que leur probabilité historique, c'est leur exemplarité qui acquit en premier lieu valeur – et saveur – pour les prédicateurs et les fidèles.

## Quelques sources partielles

Parmi les textes indiens les plus anciens et les plus complets relatant la vie du Buddha, quatre sont particulièrement significatifs.

- Le *Mahāvastu,* écrit en sanskrit, fait principalement le récit de *Jātaka* avant de relater la dernière existence du Buddha jusqu'à la conversion des premiers disciples, soit la constitution de la première communauté. L'hétérogénéité linguistique de ce texte a posé de nombreux problèmes de datation aux spécialistes. Alors que le noyau originel est généralement daté des derniers siècles avant l'ère chrétienne, ses additions les plus tardives courent jusqu'au IVe siècle après J.-C.
- Biographie elle aussi partielle, le *Lalitavistara* fut l'un des premiers textes bouddhiques connus en Europe. Rédigé d'abord dans une prose sanskrite, il fut complété par une version versifiée. L'ensemble est daté des IIIe-IVe siècles. Son récit se déploie dans un style énumératif, accumulant une multitude d'allégories et de comparaisons. Ces dernières constituent des repères précieux pour l'étude de bien des éléments du vocabulaire symbolique bouddhique.
- Par la limpidité de sa poésie sanskrite, le *Buddhacarita* a constitué un récit bien différent de ceux du *Lalitavistara* ou du *Mahāvastu.* Il a été attribué à Aśvaghoṣa, vraisemblablement contemporain du règne de l'empereur Kaniṣka (127-147). Il est possible que la version initiale du *Buddhacarita* ait décrit la vie du Buddha de sa naissance à sa mort. La version sanskrite qui nous est parvenue s'interrompt toutefois après l'éveil.
- La *Nidānakathā* qui elle a été rédigée en langue pālie a été traduite à partir de sources en langue sri lankaise par Buddhaghosa, un

grand savant bouddhique du v^e siècle. Son texte est une référence essentielle pour les communautés *theravādin* présentes aujourd'hui en Asie du Sud-Est.

## Les événements essentiels de la vie du Bouddha

Voici comment pourraient être esquissés les événements essentiels de la vie du Buddha d'après les textes qui viennent d'être cités.

À l'aube de sa vie de maître de maison, un jeune homme du Magadha (nord de l'actuel Bihār), né d'une famille de bonne condition, prend brutalement conscience de l'évidence de la souffrance. S'impose à lui la volonté de trouver une issue à l'aliénation à laquelle elle semble condamner chaque être humain. Il décide alors de rompre avec la destinée promise par sa naissance et quitte famille et biens pour poursuivre, dans le renoncement, la quête d'une voie de salut.

Rejoignant des communautés d'ermites, il reçoit l'enseignement de plusieurs maîtres et s'astreint à des pratiques ascétiques pendant de longues années. Aucun enseignement reçu ne le satisfait. Il s'isole alors et, au terme de longues méditations, fait une expérience spirituelle dont la portée sera déterminante pour sa vie. Il en tirera les fondements d'une voie de salut qu'il enseignera à ses compagnons d'ascèse les plus proches, puis à des auditeurs de toutes conditions jusqu'à la fin de ses jours. Une communauté de disciples et de fidèles se constitue bientôt autour de lui. Il meurt fort âgé en laissant ses instructions spirituelles à ses proches. Son enseignement et sa communauté seront promis à des développements d'une ampleur et d'une diversité inégalées, partout en Asie.

Utile à l'énoncé de grands repères, cette rapide esquisse occulte la dimension merveilleuse de la vie du Buddha. Elle ne saurait être négligée. Elle s'intègre en effet à un contexte culturel dont aucune réalité n'a de raison d'être écartée. Il est donc important ici d'y faire référence, car elle est bien présente, quelles que soient la nature, l'obédience ou l'origine géographique des récits.

## Au fil des récits : des événements merveilleux, un maître exemplaire

Comme c'est le cas dans d'autres traditions religieuses indiennes, les textes bouddhiques ont rendu compte de l'existence de forces divines bienfaisantes ou menaçantes aux pouvoirs plus ou moins étendus. Ils décrivent ainsi nombre de divinités des arbres, de génies des eaux et des richesses et intègrent la réalité d'un panthéon conduit par les dieux Indra et Brahmā. Outre ces divinités, plusieurs autres protagonistes sont reconnus pour leurs pouvoirs exceptionnels. C'est particulièrement le cas de certains brahmanes, *śraman* ou *cakravartin* (les monarques universels) que l'on découvre aptes à communiquer avec les puissances divines ou cosmiques et même parfois capables de les maîtriser.

### Le corps du Buddha

On ne saurait s'étonner dans ce contexte que le Buddha soit devenu par la ferveur de ses fidèles un personnage à la stature tout à fait extraordinaire. Les astrologues, l'examinant après sa naissance, en identifièrent les marques corporelles annonciatrices. Certains récits listent ainsi avec grand soin trente-deux marques spécifiques majeures (*lakṣaṇa*) dont on peut retenir : des pieds et des mains marqués d'une roue, le visage orné d'une touffe de poils placée entre les sourcils, une protubérance au-dessus de la tête, une langue longue et mince, une voix mélodieuse, des dents sans espace entre elles, des yeux bleu saphir, de longues oreilles, le corps aux proportions d'un banian, la peau dorée, le buste comme celui d'un lion…

Outre ces marques, d'autres détails font du corps du Buddha un corps sublime, parfaitement beau, lieu de la pleine réalisation de ses perfections. Sa puissance spirituelle est ainsi rendue visible par les couleurs et les lumières conférant à sa présence un éclat particulier. Il attire à lui des assemblées célestes elles aussi éclatantes. Des divinités chargées de guirlandes de fleurs, des esprits de la nature, des protecteurs des quatre orients, des divinités nombreuses dont Indra et Brahmā convergent ainsi vers les lieux de la naissance, de l'éveil ou de la première prédication.

### Buddha magicien ?

Bien qu'il ait déclaré les pouvoirs magiques inutiles, le Buddha les utilisa parfois à l'occasion d'attaques lancées par des maîtres rivaux ou de conversions particulièrement difficiles. À Śrāvastī, il s'éleva dans les airs et multiplia son image à l'infini. Maître de l'eau et du feu, il fit aussi sortir de son corps flammes et flots. Ailleurs, et à l'occasion de la conversion des Kaśyapa (des ascètes brahmaniques), il provoqua une inondation pour disperser leurs instruments rituels. Lors d'autres épisodes encore, il apaisa un cobra redoutable occupant un ermitage ou un éléphant rendu furieux, lancé contre lui par un jaloux.

## La puissance cosmique du Buddha

Il est intéressant d'observer que les légendes bouddhiques, de façon comparable aux mythes d'autres traditions religieuses de l'Inde, dotèrent le Buddha d'affinités avec les éléments cosmiques. C'est ainsi que la terre tremble ou que la lumière inonde les moindres recoins de l'univers à l'occasion de sa naissance ou de son dernier souffle. S'affirmant comme maître de l'espace et du temps, on le voit par ailleurs revendiquer sa souveraineté universelle en faisant sept pas vers chacun des orients pour proclamer : *« Je suis le sommet du monde, je suis l'aîné du monde, je suis le meilleur du monde[4]. »* ; et déclarer que dans le ciel et sur la terre, il sera le seul être vénérable, à sauver les êtres de la naissance, de la vieillesse, de la maladie et de la mort.

L'aptitude du Buddha à s'affranchir des limites usuelles de l'espace et à y étendre sa puissance a été traduite de façon très frappante dans l'art bouddhique. Les sculpteurs montrèrent de façon



4. *Mahāpadanasūtra.*

assez amusante parfois le voyage céleste qu'il fit au ciel des Tuṣita, le séjour bienheureux de sa mère décédée. Ils firent ainsi figurer dans leurs images une ou deux échelles. Un aller-retour en quelque sorte.

D'une façon peut-être moins « pratique », mais aussi efficace, d'autres représentations ont montré la puissance cosmique du Buddha en multipliant son image à l'infini ; sa présence s'imposant alors symboliquement en tout lieu, en tout temps. Faisant référence à une des versions du miracle de Śrāvastī, ce thème des *mille Buddha* fut la réponse de l'Éveillé à des détracteurs mettant en cause ses pouvoirs spirituels.

## Douze grandes étapes de la vie du Buddha

Douze ou quinze étapes majeures de la vie du Buddha sont le plus souvent retenues.

**1. Le départ du ciel des Tuṣita**

Constituant un prologue attestant l'ampleur des mérites accumulés dans ses vies passées, le séjour au ciel des dieux Tuṣita sert, dans de nombreuses sources, d'introduction à la narration de la dernière existence de celui qui n'est encore qu'un *bodhisattva*. L'excellence et l'évidence de ses qualités étant si remarquables, les dieux de milliers de mondes se réunissent à ses côtés et le prient de prendre naissance une dernière fois, d'accepter un devenir humain pour accéder à l'ultime délivrance et d'attester ainsi d'une possible voie de salut hors des tourments du samsāra.

**2. Le choix d'une mère**

C'est dans la famille d'un chef du clan des Śākya régnant à Kapilavastu que s'incarne donc le futur Buddha. Māyā, première épouse de Śuddhodana, deviendra sa mère. Retirée pour un temps dans le gynécée, elle s'éloigne de son époux et, purifiée par cette ascèse, fait le rêve merveilleux d'un éléphant blanc perçant son sein. Le futur Buddha y a pris place, protégé de tout contact avec le corps de Māyā par une sorte d'écrin de béryl dans lequel il séjourne dix mois lunaires. Il y est miraculeusement nourri par les dieux.

**3. La naissance**

Arrivée au terme de sa grossesse, Māyā décide de rejoindre la maison de ses parents pour donner naissance à son enfant. Elle quitte le palais avec quelques suivantes et fait en chemin une halte dans le bosquet ou le jardin de Lumbinī.

S'accrochant d'une main à la branche d'un arbre, elle donne là naissance à son fils qui sort sans « souillure » de son flanc droit. Le nourrisson, jouissant de facultés précoces, est accueilli par les dieux. Faisant sept pas dans les directions de l'espace, il proclame qu'en souverain du monde il apportera à tous les êtres une voie de salut. Se réjouissant de cette naissance et de ce message, la terre tremble dans une pluie de fleurs, une abondance de musiques et de parfums.

**4. La jeunesse**

Suite à la mort de Māyā sept jours après la naissance de Gautama, c'est la tante de ce dernier qui est chargée de l'élever. Les astrologues ont examiné l'enfant, ont identifié trente-deux marques spécifiques désignant un grand homme et prédisent à son père qu'il deviendra soit un grand religieux, soit un monarque universel. C'est dans le cadre aisé du domaine de son père que l'enfant reçoit une éducation conforme à sa condition. Une première méditation devant le spectacle de la meurtrissure de la terre par le travail des labours préfigure sa vocation prochaine. Devenu jeune homme, il se marie toutefois avec la belle Yaśodharā qui donne bientôt naissance à leur fils Rāhula.

**5. Les quatre rencontres**

C'est à l'occasion d'une sortie hors de son domaine en compagnie de son cocher que le jeune Gautama prend brutalement conscience de l'aliénation de la condition humaine à la souffrance. Il rencontre successivement un homme tremblant de fièvre, un vieillard affaibli et un défunt conduit vers son bûcher funéraire. « La souffrance est le lot de tous », lui confirme son cocher. Une quatrième rencontre vient toutefois mettre en cause cette conclusion alors que s'avance un ascète affranchi de la crainte de la maladie, de la vieillesse et de la mort.

**6. Le grand départ**

Les quatre rencontres ont été décisives. Gautama renonce à son palais, à la promesse de son gouvernement, à son gynécée et à son fils. Les dieux accompagnent silencieusement son départ dans le plus grand secret. Gautama rejoint alors la forêt et ses ermitages, coupe sa chevelure, confie son cheval et ses parures à son cocher avant de le congédier. La quête de l'éveil débute désormais.

**7. La vie ascétique**

Pendant de longues années de questionnements et d'exercices ascétiques, Gautama côtoie différents maîtres dont les enseignements lui paraissent finalement insuffisants. Il s'isole aux alentours du village d'Uruvilvā avec cinq renonçants pour compagnons et s'astreint à des austérités qui le conduisent à la limite de ses forces. Il comprend que cette voie extrême n'est pas la bonne et retrouve une meilleure santé en acceptant la nourriture que lui offre une jeune fille et en prenant un bain. Ses compagnons y voient une défaite et l'abandonnent. Gautama décide de poursuivre sa quête de l'éveil par d'autres voies que celle des mortifications.

**8. La soumission de Māra**

Alors que ses méditations le conduisent à une intuition nouvelle de la réalité du monde et à une conscience précise de la façon de s'affranchir de la souffrance qui tourmente les êtres, Gautama est assailli par Māra. Le dieu de la mort et du désir, maître du saṃsāra, redoute que sa souveraineté ne soit menacée. Il tente de détourner Gautama de sa quête par la peur qu'inspirent ses armées ou par le désir qu'éveille la volupté de ses trois filles. Le renonçant ne cède pas. La déesse terre témoigne de tous ses actes méritoires et Māra est vaincu.

**9. L'éveil**

Parvenu à l'âge d'homme mûr, Gautama, installé à Bodhgayā sous l'arbre de la *bodhi*, parvient enfin à l'éveil. Au terme d'une longue nuit de médiation, il se remémore toutes ses vies antérieures et comprend ensuite intimement le parcours passé, présent et à venir de chacun. Les causes de l'enchaînement des êtres au cycle du saṃsāra lui sont désormais claires. Tout comme le moyen de rompre avec ce cycle douloureux. En paix et en joie, Gautama est désormais un *buddha* parfaitement éveillé.

**10. La première prédication**

Après plusieurs semaines d'hésitations et finalement l'intercession du dieu Brahmā, Siddhārtha consent à enseigner sa Loi. Il la sait difficile à comprendre et exigeante à observer. Il retrouve les cinq compagnons qui l'avaient délaissé et qui réalisent que Gautama est bien parvenu à l'éveil. Arrivé à Sārnāth au parc des antilopes, il met « en marche la roue du *dharma* » en énonçant sa Loi à l'occasion d'un premier sermon. Les premières conversions ont lieu. Le noyau de la première communauté se constitue. Pendant les quarante ans qui suivront, le Buddha poursuivra sa vie errante et enseignera sa Loi à des auditeurs de toutes conditions, répondant parfois à des détracteurs virulents.

**11. L'ultime extinction ou le *mahāparinirvāṇa***

C'est à Kuśinagara que le Buddha, affaibli par le grand âge et par un repas de porc servi par un dévot, donne son dernier enseignement et ses ultimes recommandations. Il meurt étendu sur le côté droit après avoir invité ses disciples à ne pas s'attrister : le cycle des renaissances s'éteint définitivement pour lui, il ne renaîtra plus et touche à l'extinction totale, le *parinirvāṇa*. Comme lors de sa naissance, de son éveil et de son premier sermon, la terre tremble, les êtres célestes se manifestent en nombre chargés d'offrandes de fleurs et de parfums pour rendre hommage à l'Ainsi-allé.

**12. Les funérailles**

Des funérailles pareilles à celles d'un monarque universel sont organisées par les princes Malla qui régnaient sur les lieux. Le corps du Buddha est conservé pendant sept jours dans des étoffes précieuses et de l'huile parfumée. On procède à la crémation. Les cendres sont ensuite divisées en huit parts sur lesquelles huit monuments seront érigés.

---

# Comment distinguer le Buddha d'autres religieux charismatiques

## Un être singulier

Au contraire des brahmanes ou des *cakravartin* qui apparaissent comme des archétypes, au contraire des sages des *Veda* ou des maîtres des *Upaniṣad* le plus souvent anonymes, le Buddha apparaît doté d'une individualité bien à lui, d'une histoire singulière et remarquable. Il est désigné par les sources bouddhiques comme un maître unique dont l'histoire des religions a toutefois rapproché le parcours de celui de Mahāvīra, un des maîtres jaïns. Une personne tout à fait singulière donc pour les fidèles, si charismatique qu'elle bénéficie de l'affection divine et de la reconnaissance des élites de son temps, qui ne revendique toutefois aucun autre pouvoir que celui forgé par ses expériences, et qui n'aspire à aucune reconnaissance en tant que médiateur d'une puissance divine supérieure.

Affirmant avant tout la visée thérapeutique de son engagement, le Buddha fut volontiers décrit comme une personnalité résolument en marge des attendus socioreligieux brahmaniques :

- par la teneur de son enseignement bien sûr (nous y reviendrons) ;
- par le fait d'avoir abandonné les siens avant d'avoir fait prospérer son clan et d'avoir assumé ses devoirs de maître de maison ;

- par le fait de ne rendre hommage ou de ne sacrifier à aucun dieu, par son indifférence à l'autorité du *Veda,* par un usage de la parole tout à fait original. C'est un dernier point qu'il semble important d'éclairer.

## Un usage original de la parole religieuse

Parler, parler aux dieux, aux hommes, parler devant une assemblée est un privilège dans toutes les sociétés. Un privilège d'autant plus important dans une société où la parole est réputée avoir des pouvoirs spécifiques par le lien qu'elle entretient avec l'énergie et la cohérence du cosmos tout entier. Dans l'univers védique, l'usage de la parole rituelle – juste et bien prononcée –, l'usage de la parole salvatrice, était la prérogative d'une élite sacerdotale attachée au sanskrit comme langue spécifique.

Les *ṛṣi*[5], les « sages » des *Upaniṣad* majeures[6], qui n'étaient pas tous nécessairement issus de cette élite, réorientèrent l'héritage védique pour faire de l'usage de la parole religieuse une expérience non plus essentiellement liturgique mais une expérience de type ésotérique et spirituel. On garde volontiers de ces *Upaniṣad* l'image d'un maître, transmettant à quelques rares disciples les éléments d'un savoir, d'un mystère initial, corrélant différents ordres de réalités : rituelles, cosmiques et individuelles.

La parole, les paroles attribuées au Buddha ne furent en aucun cas présentées comme des paroles inspirées par une source immémoriale telle que celle des *Veda*, des *Upaniṣad* et, un peu plus tard, des épopées hindoues.

5. Prononcé rishi.

6. On désigne généralement treize *Upaniṣad* anciennes, auxquelles se sont ensuite ajoutées de nombreuses autres au cours des siècles.

**À noter**

> Il est souvent considéré par les différentes traditions bouddhiques que les enseignements fondamentaux du Buddha furent initialement délivrés dans des langues vernaculaires accessibles à un auditoire socialement diversifié.

Ces paroles, telles qu'elles nous sont parvenues, frappent par leur dimension littéraire très présente et par leur caractère gnomique (en forme de proverbe ou de maxime). Elles se distinguent aussi par le fait que le Buddha n'hésite pas à utiliser le « je » pour affirmer la force d'une expérience personnelle. Cette expérience s'énonce d'ailleurs par des images et par un art narratif extrêmement performant et évocateur. Les paroles attribuées au Buddha furent non seulement respectées parce qu'elles eurent pour origine une expérience personnelle reconnue comme authentique, parce qu'elles mirent en œuvre des procédés didactiques variés favorisant leur mémorisation et leur diffusion, mais aussi, parce qu'elles furent très puissantes socialement. La perspective d'un salut personnel et les moyens pour y parvenir allaient en effet structurer moralement et socialement des communautés plus larges que celles touchées par la sphère rituelle védique. Ceci, bien avant que l'hindouisme classique ne parvienne, avec l'universalisme de ses mouvements théistes (viṣnouites ou śivaïtes), à tempérer les cadres de la caste ou de l'appartenance communautaire.

# CHAPITRE 2

# LE *DHARMA*, L'ENSEIGNEMENT DU BUDDHA

**Au programme**

- Ainsi vont les choses
- Alors, que faire ? Les quatre nobles vérités
- L'efficacité du premier sermon
- L'extension des enseignements du Buddha : questions de contenus et de langues

Le mot *dhamma* (en pāli) ou *dharma* (en sanskrit) fut, comme le mot *buddha,* utilisé en Inde dans un contexte culturel plus ancien et plus large que celui du bouddhisme. C'est dans le contexte de la religion védique qu'il apparaît tout d'abord en dérivé de la racine *dhṛ,* « tenir ». Il désigne alors ce qui tient, ce qui porte, le socle, le fondement. Il deviendra, dans le cadre de l'hindouisme, la norme religieuse et personnelle à suivre en fonction de sa place dans l'ordre socioreligieux.

Pour les bouddhistes, le *dharma* est le deuxième « joyau » en lequel prendre refuge après le Buddha et avant le *saṃgha*, la communauté. Le *dharma* bouddhique désigne tout à la fois l'ordre qui sous-tend tout ce qui existe et l'enseignement même du Buddha. Il est la Loi qui régit l'existence et le devenir de toute chose, de tout individu, de toute expérience… Cet ordre ne dépend d'aucun créateur et s'énonce en un processus dynamique en lequel se dessine une des spécificités doctrinales du bouddhisme par rapport à d'autres messages religieux de son temps.

## Ainsi vont les choses

Au sein de ce processus « dharmique », tout ce qui constitue l'existence et les expériences qui l'animent est irréductiblement transitoire, changeant, composé, mélangé. « Être au monde » ne saurait donc s'énoncer que dans la dynamique d'un ensemble de corrélations et de connexions articulées les unes aux autres. Tous les phénomènes psychophysiques faisant partie de l'expérience humaine apparaissent et se développent ainsi par le jeu de causes multiples. Elles ne cessent d'interférer les unes avec les autres et de se transformer mutuellement dans un cours ininterrompu de constructions, de mutations et de disparitions.

Ce processus difficile à saisir – aurait précisé le Buddha – défait les perceptions coutumières qui consistent en la croyance d'un soi stable, substantiel, éternel. Ne reconnaissant ni puissance unifiante, ni principe vital, le Buddha formula la conclusion que l'individu est absolument dépourvu de soi, qu'il est libre de nature propre. Aussi loin que l'on puisse pousser l'investigation, nul ne saurait lui trouver d'identité ultime. Ni âme, ni absolu stable ou immuable.

Si l'on a pris soin ici de ne pas nommer ce processus, c'est que le terme qui le désigne, *pratītyasamutpāda,* est difficile à manier car il n'a pas d'équivalent en français. On a l'habitude de le traduire par « coproduction conditionnée » ou « production en dépendance ». Comme c'est le cas pratiquement de toutes les notions doctrinales, la loi de la coproduction conditionnée a donné lieu à des explications nuancées en fonction des familles doctrinales et des époques. Dans certaines sources, elle est équivalente au mot *dharma* lui-même.

*« Celui qui voit clairement la loi de la coproduction conditionnée voit clairement le* dhamma, *celui qui voit clairement le* dhamma *voit clairement la loi de la production conditionnée. »*

*Majjhimanikāya.*

## Alors, que faire ? Les quatre nobles vérités

La tradition rapporte les hésitations du Buddha quant à la pertinence d'énoncer ses conclusions. Il s'engagea toutefois en faveur d'un positionnement clair, compris comme compassionnel : celui de transmettre son expérience, grâce à son enseignement, pour le bien du plus grand nombre. Le Buddha ne laisse donc pas ses semblables devant une interrogation, même s'il refuse de tout expliquer ou de tout conceptualiser. Pour l'individu pris dans les filets de la coproduction conditionnée, il propose une échappée, vers l'au-delà, de ce qui est composé. Cela, grâce à un exposé assorti de préconisations : « les quatre nobles vérités ». Elles s'articulent toutes autour du mot *duḥkha* :

- la vérité de *duḥkha* ;
- l'origine de *duḥkha* ;
- la cessation de *duḥkha* ;
- le chemin vers l'au-delà de *duḥkha*.

Les linguistes attirent l'attention sur la richesse du mot *duḥkha* qui ne trouve – lui non plus – pas d'équivalent exact en français.

Le préfixe *duḥ-* en sanskrit (qui a donné en français *dys-* de « dyslexie », ou *dis-* de « distorsion ») a le sens de mauvais, dur, difficile, affligeant. L'image première suggérée par *duḥ-* (mauvais) et *kha* (moyeu) est celle d'une roue qui tourne mal. Qui ne peut donc pas avancer correctement.

Plus largement, le mot *duḥkha* a pris le sens de difficulté, d'inconfort, d'insuffisance, de peine, de souffrance.

Si l'étymologie de ce mot est importante, c'est que, sa richesse appelle des significations nuancées en fonction des sources mais aussi des auditoires auxquels elles sont destinées. Les références aux quatre nobles vérités sont abondantes. La façon dont elles sont évoquées oriente l'attention de l'auditoire vers des réflexions aux nuances distinctes. L'exposé des « quatre nobles vérités » peut ainsi se colorer d'une intention plus moralisante ou plus conceptuelle. La pédagogie par la crainte, qui affleure dans quelques textes, a été l'expédient de certains prédicateurs. D'autres déploient une didactique plus subtile et profonde, servie par une langue d'une grande beauté et d'une charge évocatrice d'une immense richesse.

## Première des quatre nobles vérités : la vérité de *duḥkha*

*« Ô bhikhu qu'est-ce que duḥkha ?*
*Ce sont les cinq agrégats d'attachement. »*

*Samyutta-nikāya* (V).

En énonçant l'identité de *duḥkha* et des cinq agrégats d'attachement, le *Samyutta-nikāya* énonce, par la voix du Buddha, l'identité de *duḥkha* avec « l'individu » ou « le moi empirique » et, plus largement, l'ensemble des catégories d'êtres vivants. Il renvoie ainsi d'une façon concrète, pratique pourrait-on dire, à la « coproduction conditionnée ».

Les conceptions bouddhiques définissent la globalité de « l'individu », de « la personne », comme un ensemble psychophysique constitué de cinq éléments interdépendants : les cinq *skandha* ou « agrégats ». Ils forment un tout qui est dit « confectionné », « conditionné ». Ces agrégats sont transitoires, insubstantiels et se conditionnent les uns les autres. Tout ce qui les constitue, la façon dont tout cela s'agence pour donner une cohérence transitoire et relative à l'individu, est *duḥkha*. De même que tout ce dont chacun peut faire l'expérience est *duḥkha* : vulnérable, insatisfaisant, douloureux.

Le corps et ses fonctions sont *duḥkha*, puisque fragiles. Les sensations qu'il permet de ressentir – qu'elles soient plaisantes ou non – sont fugitives, imparfaites dans les informations qu'elles apportent. Les identifications auxquelles chacun se livre sont partielles, souvent incertaines, voire erronées. De même, les processus cognitifs, les comportements, les états de conscience, même les plus subtils et heureux, restent conditionnés, composés, instables et demeurent irréductiblement sous le joug de *duḥkha*.

Le constat de la réalité de *duḥkha* ne reste pas privé d'issue. Avant d'en énoncer la voie, c'est l'origine de *duḥkha* qui fait l'objet de la deuxième des « quatre nobles vérités. »

**Les cinq agrégats**

- *Rūpa* : la forme ou la corporéité. Considérée comme constituée de terre, d'eau, de feu et d'air c'est-à-dire de composants solides, liquides, chauds et mobiles, *rūpa* est la constituante des six organes sensoriels : l'œil, l'oreille, le nez, la langue, le corps et le psychisme.
- *Vedanā* : les sensations (qui peuvent être agréables, neutres ou douloureuses). Elles sont la manifestation du contact des organes sensoriels avec les phénomènes extérieurs, et naissent du contact de l'œil avec les formes visibles, de l'oreille avec les sons, du nez avec les odeurs, de la langue avec les saveurs, du corps avec les objets que l'on peut toucher, de l'organe mental avec les idées.
- *Saṃjñā* : les perceptions qui permettent de nommer, d'identifier toutes les choses dont on fait l'expérience.
- *Saṃskāra* : les processus de pensée, d'action qui sont « colorés » par l'histoire de chacun, sa structure cognitive, sa sensibilité. Ils conditionnent tous les actes présents et à venir.
- *Vijñāna* : la conscience, l'instance qui réunit et lie les informations de tous les autres agrégats.

## La deuxième noble vérité : l'origine de *duḥkha*

L'exposé de la deuxième des « quatre nobles vérités » s'articule autour d'un terme très simple : *tṛṣṇā*[7] (la soif), que l'on traduit usuellement par « désir ». Tout ce qui est de l'ordre du vivant est mu par la pulsion irrépressible de *tṛṣṇā*, qui est liée aux besoins vitaux de l'individu. Cette force est le moteur du *saṃsāra*, le cycle des renaissances.

Il existe trois grandes catégories de « soif ». En premier lieu, celle d'exister et de maintenir son existence par le fait de répondre aux besoins du corps, de prolonger sa lignée, d'entreprendre pour la faire prospérer et pour valoriser sa renommée.

Il y a aussi la soif des plaisirs, notamment ceux des sens. La soif des plaisirs amoureux, esthétiques, du savoir, même des plaisirs de l'apaisement, est à l'origine de *duḥkha*.

Il y a enfin la soif de ne pas exister. Comme la soif d'exister, elle attache l'individu au jeu de l'acte. Qu'il soit violent ou destructeur, qu'il soit positif ou négatif, l'acte suscite une infinité de phénomènes composés, fragiles, incertains… Les actes positifs contribueront à des renaissances favorables, les actes négatifs à des naissances douloureuses. Quoi qu'il en soit, c'est par la soif que l'action se développe, perpétue le jeu du *saṃsara* et, par là même, *duḥkha*.

La soif est essentiellement nourrie par l'illusion d'un soi stable. Elle nourrit à son tour trois types de poisons ou de passions : l'ignorance, l'attachement et la colère. L'attachement, *rāga,* attire de façon avide l'individu vers ce qu'il convoite. Quand ce dernier possède ce qui était convoité, l'attachement l'aliène à l'orgueil de ce qu'il a acquis et le contraint aux tourments d'avoir à perdre ce qu'il protège ou chérit. L'ignorance, *moha,* est un égarement sans fin dans la confusion, les erreurs concernant la réalité de l'ensemble des phénomènes et des interactions qui les affectent.

7. Prononcé trishna.

La colère, *dveṣa,* particulièrement dénoncée, suscite l'hostilité, la malveillance et déchaîne les violences.

## La troisième des quatre nobles vérités : la cessation de *duḥkha*

Le Buddha soutient dans la troisième des quatre nobles vérités qu'il existe une expérience où s'épuise le jeu des corrélations entre les phénomènes composés et impermanents. Cette expérience est nommée *nirvāṇa,* ce qui signifie « extinction ». Elle est dite non née, au-delà des causes et des effets, au-delà de la soif et de *duḥkha*.

L'authenticité de l'expérience du Buddha en faisant foi pour l'ensemble de ses fidèles, l'individu recèlerait donc la possibilité de se sauver lui-même de ses limitations. Nous avions souligné, en évoquant l'histoire fabuleuse de Gautama, tout l'intérêt d'une naissance humaine car elle seule permettrait de s'affranchir du *saṃsāra*. Le Buddha impose ainsi l'idée que l'accumulation des agrégats, bien que somme confuse, devient le lieu de sa possible émancipation.

Le *nirvāṇa* a été – on le devine aisément – l'objet d'interrogations, d'approfondissements incessants et de définitions multiples. Le Buddha aurait délibérément choisi de ne pas en livrer de définition précise. Cela fait partie de ce qui est traditionnellement nommé les « silences du Buddha ».

## La quatrième des quatre nobles vérités : le chemin vers l'au-delà de *duḥkha*

Comment s'affranchir de la soif, de *duḥkha*, du *saṃsāra* ? C'est pour répondre à cette question que le Buddha propose une voie : « le chemin à huit branches » ou « l'octuple sentier » car il s'énonce en huit prescriptions.

*« Des voies l'octuple est la meilleure […], c'est la seule voie, il n'y en a pas d'autre pour purifier vos vues : empruntez-la donc, elle confond Mārā (le seigneur de la mort). Car une fois engagés sur elle, vous en finirez avec la douleur. C'est moi qui ai proclamé la voie une fois que j'ai su apaiser les blessures causées par les épines. »*

*Dhammapada* (XX).

Ces huit prescriptions – on le comprendra – ne seront pas toutes suivies par l'ensemble des fidèles bouddhistes même si elles sont censées être pratiquées simultanément et être constamment approfondies.

Elles constituent des énoncés, des repères toujours valorisés comme enseignement premier du Buddha. Elles seront toutefois elles aussi amplement discutées voire transgressées dans certaines circonstances et par certaines écoles. On présente usuellement ces huit prescriptions en trois catégories : celles relatives à la conduite morale, celles concernant la culture de l'esprit, celles concernant la sagesse.

Les prescriptions, relatives à la conduite morale, consistent à :

- ne pas formuler de propos mensongers, calomnieux, grossiers ou frivoles ;
- ne pas s'engager dans des actions fautives comme porter atteinte à la vie, frauder, prendre ce qui n'a pas été donné, se rendre coupable d'inconduite sexuelle ;
- ne pas pratiquer une profession nuisible.

Les prescriptions relatives à la culture de l'esprit, consistent à :

- s'engager à une attention constante de toutes ses activités comportementales, des réactions de ses sens et de ses pensées ;
- concentrer ses efforts pour éloigner les activités, les réactions, les pensées malsaines ou perturbatrices et pour cultiver et développer les activités, réactions et pensées bénéfiques ;

- favoriser la concentration au moyen d'exercices psychophysiques appropriés.

Les prescriptions relatives à la sagesse invitent à :

- exercer une pensée de renoncement, de bienveillance et d'attention envers tous les êtres ;
- acquérir une compréhension pénétrante du *dharma* et des quatre nobles vérités.

## L'efficacité du premier sermon

L'efficacité du premier sermon, de l'énoncé des « quatre noble vérités » tel qu'il a été transmis, tint sans doute en ce qu'il proposa tout à la fois un constat, un diagnostic, un objectif de succès validé par une expérience, et des moyens pour y parvenir. Il fut retenu en un exposé extrêmement efficace par sa brièveté, la clarté de sa structure, par les exemples conceptuels et les pratiques qui l'étayèrent. Il présenta l'avantage de pouvoir être délivré de façon très simple ou de façon approfondie en fonction des auditoires. Les lettrés, les maîtres de maison, les pauvres gens n'avaient *a priori* pas besoin de pré-requis pour le comprendre, il convenait « simplement », d'ajuster le niveau de langue à son énoncé et le niveau des développements à y apporter. Cela n'a cessé d'être mis en œuvre pendant plusieurs siècles et le demeure, dans les communautés bouddhiques du monde entier.

Ce sermon si efficace, sans aucun doute modèle dans l'art de communiquer et d'enseigner, fut toujours présenté comme une parole fondatrice par-delà l'affirmation de positionnements bien différents sur la place et le traitement du désir, sur le statut de l'acte, sur l'impératif du renoncement…

Bien sûr, et malgré ses atouts, ce sermon et ceux qui suivirent ne purent couvrir l'ensemble des questionnements spirituels d'aucune époque. De fait, « la mise en marche de la roue de la Loi » donna lieu à des controverses de la part de ses détracteurs, des exégèses de la part de ses partisans et des prolongements dont l'histoire s'écrit encore chaque jour.

## L'extension des enseignements du Buddha : questions de contenus et de langues

La prééminence de la parole par rapport à l'écrit au sein de la culture de l'Inde ancienne étant une donnée culturelle si fortement ancrée, il n'est pas étonnant que le Buddha fût réputé n'avoir rédigé aucun enseignement. Quel que soit le niveau social ou culturel, l'écriture n'était du reste vraisemblablement pas utilisée dans l'Inde du v^e^ siècle avant J.-C. Les textes bouddhiques rapportent donc des enseignements que le Maître aurait dispensés oralement à des auditeurs de toutes origines sociales et de tout niveau d'avancement spirituel.

Transmettre l'enseignement de leur maître disparu fut sans doute le sujet d'importantes discussions pour les disciples du Buddha. Que retenir de ses quarante ans d'enseignement ? Comment établir son héritage spirituel pour le mémoriser, l'organiser et le transmettre ? Quelle langue et quel niveau de langue employer ?

Bien qu'aucun élément historique ne puisse être attesté à ce sujet, les sources bouddhiques font état de trois (ou quatre) principaux conciles ayant réuni les disciples du Buddha à ce sujet. Le premier, qui se serait tenu à Rājagṛha un an après la mort du maître, aurait duré sept mois. Le deuxième concile, dit de Vaiśālī, aurait eu lieu un peu plus de cent ans après celui-ci. Le troisième concile, tenu sous l'autorité du roi Aśoka dans sa capitale de Pāṭaliputra, aurait donné sa forme définitive aux enseignements du Buddha.

## Une classification en trois grandes sections : le *Tripiṭaka*

Il est important de noter que le premier concile fut réputé avoir institué une classification des enseignements du Buddha en trois grandes sections qui allaient rester pérennes, même si le contenu de chacune d'elles put être amendé ou complété.

- La première de ces grandes sections, celle des *sūtra*, est censée réunir les paroles du Buddha : ce qui fut « bien dit ».
- La deuxième section, (le *vinaya*) édicte un vaste ensemble de règles monastiques.
- La troisième (*l'abhidharma*) est constituée de sortes d'essais – au sens de discussions, de commentaires ou de systématisation – sur plusieurs des sujets présents dans les *sūtra*.

Ces trois sections furent désignées sous le terme des « trois corbeilles » (*Tripiṭaka*) lorsque l'usage de l'écriture se généralisa au sein des communautés bouddhiques.

Si leur autorité ne fut jamais invalidée par aucune des écoles bouddhiques, il est important de préciser que, contrairement à ce que laisse penser l'histoire des conciles, leur contenu ne fut pas fixé de façon univoque ; qu'il ne fut pas partout enseigné ou diffusé à partir d'un référent écrit, et que sa portée fut minorée par certaines écoles qui – nous le verrons plus loin – se réunirent dès le début de l'ère chrétienne autour d'un nouvel ensemble de textes rédigés en sanskrit.

## Quelle langue de transmission ?

Outre la question des contenus du *Tripiṭaka*, celle des langues dans lesquelles ils furent transmis reste largement irrésolue. Les feuilles de palme ou les écorces de bouleau qui servirent sans doute de support aux plus anciennes transcriptions des enseignements bouddhiques ont disparu pour des raisons climatiques. Les documents les plus complets qui nous sont parvenus sont souvent des traductions plusieurs fois recopiées sans que l'on ne sache toujours quelle fut leur langue d'origine.

## Les sources pālies

Avant que d'autres documents découverts au Népal et en Asie centrale ne viennent tempérer son importance, le corpus des sources pālies mis par écrit aux alentours des débuts de l'ère chrétienne au Sri Lanka a retenu pendant près de deux siècles l'attention des historiens. Il est pour cela important d'en dire un mot.

Le pāli est une langue considérée par la plupart des fidèles des pays d'Asie du Sud-Est comme la langue des enseignements authentiques du Buddha. Elle est en cela comprise comme la langue que parlait l'Éveillé, la langue du Magadha, la région où il vécut. Pour les philologues contemporains, les choses sont différentes. Le pāli fait partie d'un ensemble de *prākṛt* : de langues dérivées du sanskrit. Il est vraisemblable que le Buddha ait parlé plusieurs formes de *prākṛt* et utilisé aussi peut-être un sanskrit pré-classique. Comme l'auraient fait les maîtres jaïns, le Buddha aurait transmis son enseignement en langues vernaculaires afin de se démarquer des usages liés à la révélation védique dont la langue sacrée (le sanskrit) n'était accessible qu'à une certaine élite.

## Une langue au statut contesté

Selon plusieurs spécialistes, le pāli dans lequel est parvenu jusqu'à nous le *Tripiṭaka* n'est non seulement pas la langue du Buddha mais une langue qui, par des aspects de sa phonétique, de son style, de son vocabulaire et de sa syntaxe, a perdu les caractéristiques d'une langue vernaculaire. Elle apparaît davantage comme la résultante de nombreuses évolutions qui en firent une langue « artificielle » devenue la langue véhiculaire des sources *theravādin*. Si ce canon pāli des *Theravādin* est aujourd'hui tenu pour l'unique enseignement authentique du Buddha par nombre de communautés de plusieurs pays d'Asie du Sud-Est, les historiens ont plus récemment précisé que tel ne fut pas le cas pendant plusieurs siècles.

Non seulement au Cambodge où les enseignements bouddhiques furent transmis sans référence à ce canon jusqu'au XIXe siècle, mais également dans d'autres régions de l'Inde et d'Asie centrale ou d'autres langues comme le *gandhārī* furent utilisées. La notion « d'écriture canonique » est donc, concernant les contenus et les langues retenues, à considérer avec beaucoup de prudence.

CHAPITRE 3

# UNE ORGANISATION NOVATRICE : LE *SAṂGHA*

**Au programme**

- Une communauté, plusieurs types d'acteurs
- Positionnements sociaux
- Richesses et renoncement

Le terme *saṃgha* est tout à la fois un verbe et un nom. Le verbe désigne l'action d'associer, de mettre ensemble, de rejoindre. Le nom signifie union, association, corporation. *Saṃgha* est généralement traduit en français par « communauté ». Il désigne une institution originale qui, prise ici dans son acception bouddhique, annonçait sous bien des aspects les formations qui se déployèrent quelques siècles plus tard dans le contexte de l'hindouisme classique.

Pour l'ensemble des fidèles, les règles régissant la communauté bouddhique auraient été énoncées par le Buddha lui-même avant d'être fixées dans le *Vinaya* (les règles de bonne conduite), une des sections du *Tripiṭaka*. Pour les historiens, la connaissance des tout premiers temps de cette communauté reste un sujet d'hypothèses dans la mesure où les textes du *Vinaya* tels qu'ils nous sont parvenus ne sont pas homogènes. Ils diffèrent sensiblement en fonction des communautés qui nous les ont transmis et datent, pour les premiers, de plusieurs siècles après la mort du Buddha. Enfin, et une fois de plus, pratiquement aucun matériel archéologique n'est attesté avant le IIIe siècle avant J.-C.

L'étude de l'histoire du *saṃgha* en Inde à partir de cette période – et jusqu'aux premiers siècles de l'ère chrétienne – a largement progressé ces quinze dernières années grâce à d'importants travaux archéologiques et épigraphiques. Les premiers ont mis au jour de nombreux sites bouddhiques, notamment dans les régions côtières de l'est de l'Inde. Les seconds se sont attachés à l'étude d'inscriptions rédigées sur des pierres ou des monuments qui, bien que connues, furent longtemps tenues pour des sources secondaires. Ces nouvelles données ont conduit à une très large révision des connaissances portant jusqu'ici sur les acteurs et les usages de la communauté bouddhique. Elles ont permis notamment de renoncer à des clivages trompeurs distinguant trop catégoriquement les fonctions des différents acteurs de cette communauté.

## Une communauté, plusieurs types d'acteurs

### Les *bhikṣu* et *bhikṣunī* : figures idéalisées des textes bouddhiques ?

Le mot *bhikṣu* (masc.) ou *bhikṣunī* (fém.) est issu d'une racine qui désigne d'abord l'action de demander, de réclamer, de mendier notamment des moyens de subsistance ou des aumônes. Certains composés à partir de cette racine désignent aussi ce qui est digne d'offrande. Les *bhikṣu* et *bhikṣunī* auxquels le Buddha s'adresse dans de nombreux textes ont quitté leur famille et leur métier. Après avoir publiquement déclaré : « *Je vais vers le Buddha, le dharma et le saṃgha comme vers un refuge* », ils tournent tous leurs efforts vers l'éveil.

## Les devoirs des *bhikṣu*

Ayant abandonné toute vie mondaine, les *bhikṣu* sont censés ne pas porter atteinte à la vie et respecter l'*ahiṃsā* (l'absence de nuisance pour autrui). Ils ne doivent pas prendre ce qui n'a pas été donné, s'abstenir de toute activité sexuelle, ne pas mentir ni calomnier, ne pas consommer de substances intoxicantes, ne pas manger aux heures défendues, ne pas posséder plus de huit objets personnels[8]. Ils s'abstiennent de faire usage d'argent, de sièges ou de lits luxueux, de parfums ou de parures. Ils refusent aussi de danser, de chanter et de se divertir.

## De quoi vivent-ils ?

Les *bhikṣu* sont censés assurer leur subsistance en recevant de la part d'un tiers leur nourriture, les quelques effets vestimentaires dont ils ont besoin et parfois, la protection temporaire d'un logis. Il n'est pas attendu d'eux le devoir de rendre quoi que ce soit en retour de ce qu'on leur accorde. Toutefois, lorsque cela semble approprié, ils peuvent faire le don, hautement valorisé par les textes, de l'enseignement du *dharma*.

## Des êtres hors du monde ?

Les textes permettent de comprendre que les *bhikṣu*, souvent décrits comme des renonçants itinérants, ne furent pas des ermites isolés dans des forêts profondes. Tenus de ne pas séjourner au même endroit, ils entretenaient un lien constant avec les communautés villageoises ainsi que les maîtres de maison. Ils séjournaient dans des parcs ou des jardins qui leur étaient offerts et dans lesquels, à l'image du Buddha, ils pouvaient dispenser un enseignement à qui le réclamait.



8. *Mahāpadanasūtra*. Ce chiffre pouvant sensiblement varier.

## Des fonctions variées

Les façons dont les textes qualifient les *bhikṣu* sont intéressantes car ils sous-entendent des « hiérarchies » informelles et des fonctions distinctes. On trouve par exemple le mot *thera* : qui signifie vénérable, ancien, celui qui jouit d'une véritable autorité. Le terme *bahuśruta* désigne celui qui a beaucoup entendu, celui qui connaît la Loi, celui qui est érudit. Des réalités très proches sont véhiculées par le mot *dharmadhara* : celui qui porte le *dharma*, celui qui connaît le *dharma*. De fait, certains renonçants bouddhiques étaient enseignants. Ils avaient acquis des savoirs qu'ils étaient jugés aptes à transmettre à d'autres *bhikṣu* ou aux maîtres de maison. Leur don de la Loi, en fonction de sa qualité, leur conférait une plus ou moins grande autorité.

La vie itinérante et enseignante conduite vers l'éveil répondait aux paroles prêtées au Buddha dans le *Vinaya* : *« Mettez-vous en route et allez pour le bien et le bonheur de beaucoup, par compassion pour le monde, pour le bénéfice, pour le bien des dieux et des hommes. Ne suivez pas à deux le même chemin. Prêchez la Loi qui est bonne en son début, en son milieu et en sa fin. »*

La solitude suggérée dans ce passage ne saurait occulter les moments de réunion, les temps de rencontres entre *bhikṣu* décrits dans les textes. Il est souvent dit que l'usage le plus ancien fixa ces réunions lors de la saison des pluies. Il était à plusieurs titres important d'y confirmer ou raffermir le sentiment d'appartenance à un groupe, d'alléger la rudesse de la vie solitaire par une entraide et un soutien, d'introduire de nouveaux membres ou de prendre acte de l'abandon par certains de leurs engagements.

Quelles que soient les époques, le mode de vie des *bhikṣu* demeura hautement valorisé par les diverses traditions bouddhiques car il renvoyait à l'image du mode de vie même du Buddha. Les quêtes d'aumônes quotidiennes des religieux des pays d'Asie du Sud-Est, les retraites ou les voyages solitaires faits par d'éminentes figures du bouddhisme himalayen, chinois ou japonais sont des échos à cette vie itinérante et de renoncement toujours idéalisée.

Les imaginaires et les pratiques sont rarement exempts de contradictions. De fait, une grande partie des règles du *Vinaya*, les sites archéologiques et les apports récents de l'épigraphie se rapportent à un mode de vie très différent de cette itinérance : celui des *bhikṣu* demeurant au sein de communautés sédentaires hautement structurées dans leur mode de fonctionnement.

## Les religieux vivant en communautés sédentaires

### Sites et architecture communautaires

Hormis les informations présentes dans les édits d'Aśoka, les premières traces matérielles attestant l'existence de lieux de vie communautaire bouddhiques datent du IIIe siècle avant J.-C. Ces derniers ne sont encore le plus souvent que des grottes naturelles plus ou moins aménagées.

Les structures architecturées monumentales qui s'accordent davantage aux réalités monastiques décrites dans les différentes versions du *Vinaya* datent, elles, de la fin du IIe siècle avant notre ère. Les archéologues s'accordent généralement sur le fait que des constructions de bois durent les précéder. Les premiers complexes monastiques bouddhiques se trouvent en Inde dans des régions bien éloignées les unes des autres : l'ouest du Mahārāṣtra, l'arrière-pays de Bombay, le Madhya Pradesh et les zones côtières de l'Andhra Pradesh et de l'Orissa.

Des sites de l'ouest du Mahārāṣtra, Bhaja et Pitalkora, comptent parmi les plus anciens. Dépourvus des décors peints qui durent exister à l'origine, ces lieux présentent une austère architecture rupestre, creusée dans d'épaisses falaises de grès. Deux types de bâtiments y accueillaient les membres du *saṃgha* : les *caitya* et les *vihāra*.

Les *caitya* sont de profondes salles absidiales ouvertes sur l'extérieur par une baie en forme d'arc. Elles abritent un *stūpa* : un dôme de maçonnerie compact commémorant l'extinction finale du Buddha. Les fidèles pouvaient s'y réunir, y rendre hommage à la mémoire du Bienheureux ou y réaliser une circumambulation rituelle. Également creusés dans l'épaisseur des falaises, les premiers *vihāra* étaient, eux, des lieux de séjour. Ils réunissaient autour d'une cour quadrangulaire un ensemble de cellules monastiques.

Un peu plus récents, les sites de Bhārhut et de Sāñcī accueillirent de véritables constructions. Les *stūpa* y prennent de très amples dimensions. Le chemin de circumambulation qui les entoure est le plus souvent magnifié par la présence de balustrades circulaires (*vedikā*) percées d'une à quatre portes monumentales (*toraṇa*). Leur décor en relief est d'une vitalité et d'une beauté qui ne laissent personne indifférent. L'opulence de la nature et la sensualité de ses génies protecteurs s'y expriment avec une générosité prodigue et les scènes narratives qui s'y déploient en autant d'offrandes pieuses éloignent tout visiteur de l'aridité de l'ascèse par leur richesse.

Il en est de même, bien que dans un style différent, dans les nombreux sites de la région côtière de l'Andhra Pradesh. Bien que très endommagées après leur abandon, leurs constructions ont livré de nombreuses données dont l'étude archéologique n'est pas achevée.

Qu'il s'agisse du Deccan oriental, de l'Inde centrale ou des régions de la côte Est, une même évidence s'impose au regard de ces complexes communautaires : celle des moyens humains et financiers considérables réunis pour construire, orner et faire vivre ces lieux. En Inde, aucune autre architecture aussi importante de cette époque n'est parvenue jusqu'à nous et il faut attendre le IVe siècle de l'ère chrétienne pour que s'imposent des monuments hindous d'une telle ampleur.

## Des communautés prospères

Premières constatations donc : au IIe siècle avant J.-C. la communauté bouddhique, répartie largement sur le territoire indien, bénéficiait de larges ressources. Ses centres monastiques attestent non seulement la sédentarisation – au moins partielle – des *bhikṣu* et suggèrent des fonctionnements communautaires sophistiqués. Le *Vinaya*, prolixe en détails concernant les règles de conduite des moines, permet aussi, avec l'archéologie, de garder en mémoire les contraintes matérielles liées au fonctionnement d'un monastère : l'hébergement, la nourriture, l'hygiène, l'enseignement, l'accueil et le soin du pèlerin voire sa sécurité devaient s'y organiser. Si les religieux qui séjournaient dans les *vihāra* restaient désignés sous le terme de *bhikṣu*, leur vie s'éloignait donc considérablement de celle des renonçants itinérants loués par bien des textes.

On sait par exemple, grâce à l'étude des inscriptions retrouvées à Bhārhut, à Sāñcī et dans une moindre mesure dans la région de l'Andra Pradesh, que les *bhikṣu* disposaient de fonds personnels et en faisaient ouvertement usage. Les inscriptions dédicatoires permettent ainsi d'établir que quelque 40 % des donateurs de Bhārhut et de Sāñcī étaient soit *bhikṣu*, soit *bhikṣunī*. Ces religieux, dont on devine l'érudition grâce à leur titre, étaient donc non seulement fortunés mais utilisaient leur argent pour passer commande d'images, embellir le *stūpa* et l'honorer de leurs offrandes. L'archéologie et l'épigraphie bouddhiques attestent par ailleurs à partir des IIIe-IIe siècles avant J.-C un culte des reliques du Buddha et de celles de maîtres éminents pris en charge par les *bhikṣu*. En plus de leur rôle d'enseignant, de donateurs, les *bhikṣu* furent donc aussi très tôt des officiants, notamment pour le culte des reliques.

## Tous « ceux qui viennent ensuite »

**À noter**

> On a pris l'habitude de traduire en français les mots sanskrits *upāsaka* (masc.) et *upāsikā* (fém.) par « laïcs ». C'est une habitude que l'on conservera ici après avoir précisé la signification de ces termes sanskrits et rappelé que la notion de laïcité est totalement étrangère à l'Inde ancienne.

*Upa-* est un préfixe qui donne à la fois l'idée d'une proximité, d'une contiguïté, d'une relation, et l'idée d'une subordination, d'une infériorité. Les *upāsaka* et *upāsikā* sont donc ceux des fidèles qui « viennent ensuite » autrement dit ceux qui « sont à côté » ou qui « sont là après » les *bhikṣu*. Ils constituèrent assez vite le groupe le plus important révérant le Buddha et jouèrent un rôle extrêmement dynamique dans le soutien et le développement des communautés monastiques.

### Les devoirs des *upāsaka*

Comme les *bhikṣu*, les *upāsaka* prennent refuge en Buddha, en sa Loi et en sa communauté. Ils partagent avec eux l'engagement de ne pas porter atteinte à la vie, de ne pas prendre ce qui ne leur a pas été donné, de ne pas mentir ou calomnier, de ne pas consommer de substances intoxicantes. Ils veillent par ailleurs à de ne pas se rendre coupables d'inconduites sexuelles.

Le culte du *stūpa*, les dons d'offrandes, les pèlerinages, les enseignements religieux sont pour les *upāsaka* et les *upāsikā* des temps de contacts privilégiés avec les lieux saints et les communautés monastiques. Alors que l'obtention de la sagesse est considérée comme l'objectif de chaque instant de la vie des *bhikṣu*, les fidèles laïques s'exercent d'abord à progresser en moralité et en générosité.

Bien que ceci ait donné lieu à de multiples controverses, rien de leur condition ne leur interdit *a priori* l'accès à l'éveil qui, dans les textes anciens, est réputé bien plus difficile à obtenir si l'on demeure dans le flot de la vie mondaine.

Les contours sociologiques des premiers groupes de fidèles « laïcs » et les raisons pour lesquelles ils choisirent de rejoindre le *saṃgha* sont difficiles à préciser. Les textes bouddhiques servent avant tout un propos doctrinal. Les sources archéologiques renseignent quant à elles essentiellement sur des individus ou des groupes suffisamment fortunés pour avoir laissé une trace matérielle de leur lien avec le *saṃgha*. Les groupes les plus modestes ne peuvent donc faire l'objet que d'hypothèses.

S'il ne peut être exclu que l'entrée dans la communauté bouddhique fut motivée par des convictions d'ordre spirituel ou une foi profonde en la perspective d'un salut, d'autres éclairages peuvent être apportés sur certaines des raisons pour lesquelles des individus ou des groupes d'individus choisirent de rejoindre le *saṃgha* en tant qu'*upāsaka*.

Il est important de rappeler que, contrairement aux affiliations liées à la caste, l'entrée dans le *saṃgha* était un acte volontaire, non imposé par la naissance. Il posait, individuellement ou collectivement, un engagement qui créait des solidarités spécifiques et nouvelles, animées par des valeurs censées être partagées par tous ses membres. Le *saṃgha*, porté par des *bhikṣu* aptes à tenir tête aux brahmanes, fortifié par le volontarisme de ses laïcs et matérialisé par des lieux communautaires très vite remarquables par leur richesse, pouvait constituer un réseau puissant. Des groupes fragiles pouvaient espérer y trouver de nouveaux appuis. Des groupes économiquement prospères, mais jusqu'alors peu valorisés socialement, pouvaient s'y enrichir et y être reconnus comme faisant partie d'une nouvelle élite. Ils pouvaient ainsi articuler leurs activités mondaines à une éthique et une perspective de salut désormais accessible. Ce fut le cas notamment pour des communautés marchandes et urbaines qui ont été récemment mieux connues grâce à des découvertes archéologiques très éclairantes.

## Positionnements sociaux

On se rappelle que le bouddhisme né, comme d'autres mouvements religieux, dans un contexte de contestation de l'ordre rituel védique, se développa lors d'une expansion économique et urbaine significative. Ses critiques invalidaient non seulement l'efficacité du rituel mais dénonçaient aussi la violence qu'il impliquait par la captation des richesses et la mise à mort des animaux nécessaires au sacrifice. La mise en cause des prérogatives religieuses des brahmanes et des rois védiques, l'affirmation de différents types d'entités politiques ainsi que le développement économique, suscitèrent bientôt l'affirmation de plusieurs groupes sociaux. Deux groupes en particulier :

- Les *vaiśya* (les producteurs, artisans et commerçants) tout d'abord qui, au sein de contextes socioculturels dominés par l'aristocratie védique, restaient éloignés des célébrations religieuses solennelles.
- Les communautés urbaines ou villageoises ensuite qui, plus ou moins intégrées à la société védique, se structuraient et constituaient des sortes de principautés, des guildes, des associations de parentèles ou de professions.

Bénéficiant d'une nouvelle assise financière, de fonctions sociales plus importantes au sein des villes et, dans certains cas, d'une réelle autonomie administrative, juridique et politique, ces groupes contribuèrent de façon significative à l'élargissement du *saṃgha*, à l'enrichissement de ses lieux saints et de ses monastères. Les travaux archéologiques menés en Andhra Pradesh l'ont révélé par l'étude d'inscriptions dédicatoires présentes dès le IIIe siècle avant J.-C. sur de nombreux sites.

Précisant la nature et l'ampleur des dons accordés aux *bhikṣu* ainsi que l'identité des donateurs, il est patent que ces inscriptions constituaient un mode de valorisation prisé des chefs locaux, des guildes et des associations de marchands entrés dans le *saṃgha*. Leur étaient accordés, *via* les donations immortalisées par des inscriptions dédicatoires, les bénéfices collectifs d'actes méritoires mais aussi un positionnement social et religieux que leur refusait le rituel d'origine védique.

## Richesses et renoncement

Articulée autour du don, la polarité entre renoncement et richesses structura la communauté bouddhique de façon originale. C'est en produisant des richesses de façon respectable et non nuisible que les laïcs acquéraient des mérites, pour cette vie et les vies futures, les rapprochant ainsi de l'issue du *saṃsāra*. C'est parce que leur renoncement ou leur connaissance du *dharma* étaient reconnus comme exemplaires que les *bhikṣu* attiraient à eux les fidèles et leurs offrandes, qu'ils acquéraient des richesses et faisaient prospérer monastères et lieux de pèlerinage.

Cette articulation entre richesses et renoncement, laïcs et *bhikṣu*, trouve une illustration emblématique dans l'ornementation du plus ancien *stūpa* Sāñcī. Le *stūpa*, symbole de la présence du Buddha, de son extinction finale et du *dharma*, y est ceint d'une balustrade dont les reliefs de bon augure sont là, tout à la gloire de la prospérité, de la fertilité, de la fécondité. C'est ainsi qu'y abondent génies des eaux, des arbres, de la floraison et des richesses. Laïcs et *bhikṣu* jouiront, par-delà les développements d'une iconographie spécifiquement bouddhique, d'une fortune jamais démentie.

PARTIE 2

# UNE DYNAMIQUE DE DÉVELOPPEMENTS MULTIPLES

*« Venez, ô Kamalas, ne vous laissez pas guider par l'autorité, ni par les textes religieux, ni par la simple logique, [...], ni par la pensée que "ce religieux est notre maître spirituel". »*

*Kamala-sutta.*

Est-ce en raison de cette invitation à l'exercice critique attribuée au Buddha dans le *Kamala-sutta* ? Est-ce en raison des points qu'il laissa sous silence ? Est-ce en raison de l'environnement religieux de l'Inde ancienne plus enclin à l'expression de la diversité qu'aux ambitions unificatrices ? Quelles qu'en soient les raisons premières, le bouddhisme s'est manifesté dès ses plus anciens développements comme un phénomène dynamique et irréductiblement pluriel.

Son histoire est celle de questionnements et d'interprétations toujours renouvelés quant à l'héritage du Buddha. Elle est celle d'apports théoriques et pratiques pour y répondre, de controverses pour s'y opposer. Elle est aussi celle d'une dynamique rituelle très féconde et diversifiée. Elle est enfin celle d'emprunts à des religions voisines, d'adaptations au contact de sociétés, de systèmes de pensées parfois bien éloignés de son contexte d'origine.

Il s'avère donc vite présomptueux de définir l'unité du bouddhisme par-delà la foi de ses fidèles en l'authenticité et la valeur de l'expérience du Buddha. Il est aussi malaisé de parler du bouddhisme en général. À cause de l'hétérogénéité des sources nous permettant d'en suivre les développements dans le temps et la géographie de l'Asie tout d'abord ; à cause, ensuite, de l'extrême diversité de ses expressions doctrinales, communautaires, rituelles et culturelles partout où il s'est implanté.

Il est d'usage, pour tenter de restituer la diversité du bouddhisme, de désigner de vastes catégories historiques, géographiques ou doctrinales par exemple. Qu'elles soient définies par les historiens ou par les pratiquants, ces catégories ont toutes un intérêt spécifique. Elles peuvent aussi avoir l'inconvénient de suggérer des lignes de partage trop accusées là où existent des zones de chevauchement, d'échanges, d'interactions réelles. Il est important de rappeler que les phénomènes religieux en Asie sont souvent plus accumulatifs qu'exclusifs. Par conséquent, les clivages que l'étude des textes doctrinaux peut mettre en évidence sont souvent moins accusés d'un point de vue historique, sociologique ou culturel. Il peut être surprenant pour un lecteur européen d'observer qu'une communauté ou qu'un individu puissent simultanément avoir des convictions et des pratiques d'obédiences religieuses différentes. Tel est pourtant très souvent le cas en Asie où les appartenances religieuses sont restées extrêmement souples quand elles n'ont pas eu à se restreindre pour des impératifs politiques ou juridiques.

CHAPITRE 4

# IDENTITÉS COMMUNAUTAIRES – DISCIPLINES, DOCTRINES ET INITIATIONS

**Au programme**

- Premières communautés monastiques de l'Inde ancienne
- Quand de nouveaux *sūtra* sont révélés
- Élaborer de nouvelles synthèses
- Faire l'expérience de la Voie du milieu
- Vers l'expérience de la profonde nature du Buddha
- Grandes universités
- Parcours initiatiques

Les sources archéologiques et épigraphiques permettent de constater l'expansion de la communauté bouddhique dans son ensemble à partir du IIIe siècle avant J.-C. Suivant des modalités et une chronologie encore mal renseignées, les *bhikṣu* avaient formé à cette époque des groupes distincts que les sources écrites désignent sous le nom de *nikāya*. Ce terme assez générique désigne initialement un tas, un amoncellement, une réunion d'éléments puis, par extension, un ensemble d'individus réunis dans une même maison, partageant les mêmes activités ou les mêmes devoirs. Le mot français qui restituerait sans doute le mieux le sens de *nikāya* serait celui de « congrégation[9] » : ce qui réunit ceux qui sont semblables.

# Premières communautés monastiques de l'Inde ancienne

Les historiens ont répertorié une trentaine de *nikāya*. Les historiographes bouddhiques, qui en retiennent dix-huit (un nombre de bon augure), les présentent comme des subdivisions d'une communauté première mais ne s'accordent ni sur le moment, ni sur les causes de leur émergence.

Les sources qui nous renseignent sur les *nikāya* sont en fait assez hétérogènes et les traces archéologiques qui nous sont parvenues attestent que tous les *nikāya* n'eurent pas la même importance dans l'histoire du bouddhisme indien. À l'exception des *Theravādin,* aucun d'entre eux n'a du reste survécu jusqu'à nos jours en Asie.

Les singularités des *nikāya* se sont établies sur des choix spécifiques en termes :

- d'usages locaux propres à leurs implantations régionales ;
- de discipline monastique ;
- de positionnements doctrinaux.

## Des congrégations peu différenciées

Les comparaisons qui ont pu être faites à partir de l'étude de six règles monastiques[10] appartenant à six *nikāya* distincts montrent que les spécificités relatives à la discipline furent en fait margi-

9. Certains historiens ont choisi de traduire le mot *nikāya* tantôt par « secte », tantôt par « ordre ».

10. Les *vinaya* des *Mahāsāṃghika*, les *Mahīśāsaka*, les *Dharmaguptaka*, les *Sarvāstivādin* ont été conservés dans leur traduction chinoise. Celui des *Theravādin* est conservé dans sa version pālie du ve siècle. Celui des *Mūlasarvāstivādin* est conservé en intégralité en chinois et en tibétain et dans une version partielle en sanskrit.

nales. Elles portèrent sur des détails relatifs aux rituels d'ordinations, aux usages vestimentaires des *bhikṣu*, au nombre de leurs vœux, à l'identification des fautes contrevenant à ces vœux ainsi qu'aux rites permettant de se purifier ou d'expier ces dernières.

Les spécificités doctrinales des différents *nikāya* ne peuvent être que partiellement appréhendées et comparées dans la mesure où, seuls trois recueils complets d'*abhidharma* nous sont parvenus : celui des *Theravādin* (en pāli), celui des *Sarvāstivādin* (en chinois), celui des *Dharmaguptaka* (en chinois également).

Ces spécificités doctrinales purent principalement porter sur :

- le statut du Buddha (humain ou suprahumain) et le culte qu'il était approprié ou non de lui accorder ;
- les qualités et les limites des individus résolument engagés sur la voie spirituelle et ayant atteint l'éveil ;
- des approfondissements relatifs à la loi de la « coproduction conditionnée », relatifs à l'existence ou non du temps, à l'existence ou à la non-existence des composantes de l'individu réputé *anatta* (dépourvu de soi propre).

Si l'on étudie les importants sites monastiques du Madhya Pradesh, de l'Orissa, de l'Andhra Pradesh ou du Gandhāra sur une période allant du IIe siècle avant J.-C. au IIe siècle après, on constate que ni l'architecture, ni l'iconographie de ces sites ne permettent d'identifier les groupes monastiques qui s'y installèrent. Parmi les inscriptions dédicatoires qui ont été repérées sur ces sites, rares sont celles qui associent le nom personnel d'un donateur à son *nikāya*. Enfin, on constate dans plusieurs cas, que des *nikāya* distincts pouvaient être présents en de même lieux. C'est ce que les inscriptions attestent à Nāgārjunakṇḍa par exemple (au sud de l'Inde) et de façon très évidente au Gandhāra (au nord des actuels Pakistan et Afghanistan).

Les extraordinaires découvertes faites dans cette région ces vingt dernières années[11] ont mis au jour de nombreux fragments de

11. On verra à ce sujet : R. Salomon, *Ancien Buddhist Scrolls From Gandhāra, the British Library kharoṣṭī Fragments*, The British Library, London, 1999.

textes manuscrits rédigés sur des écorces de bouleau et des pots de terre portant des dédicaces tracées en écriture kharoṣṭī. Ces écrits montrent que quatre *nikāya* étaient implantés dans cette région au début de l'ère chrétienne : les *Dharmaguptaka* – vraisemblablement les plus nombreux – les *Sarvāstivādin*, les *Mahīśāsaka* et les *Kāśyapīya*.

Tous ces éléments invitent aujourd'hui à atténuer une vision conflictuelle longtemps véhiculée quant à l'émergence et la coexistence des plus anciennes communautés monastiques. La conscience des distinctions entre les différents *nikāya* semble dans les faits bien moins soulignée de ce que l'analyse de leurs dissemblances laisse imaginer à la lecture de certains historiographes bouddhiques. La vie des *nikāya* fut régie par un ensemble de règles et de rituels dont les variantes demeurèrent marginales. Leur idéal spirituel – tel qu'énoncé dans les textes – s'incarna en la figure éminemment ascétique et maîtrisée de l'*arhat* (que nous verrons en détail plus loin). Leurs expressions architecturales, par-delà des différences stylistiques notables, témoignèrent d'une communauté d'usages cultuels et d'un lien très fort avec les pouvoirs politiques et économiques en présence. Qu'il s'agisse par exemple des rois au Gandhāra ou des corporations de métiers en Orissa.

Ce que nous percevons de la prospérité de ces sites bouddhiques, ce qu'ils nous permettent de comprendre de la complexité des échanges économiques et sociaux qui animaient la vie des *nikāya* aux alentours de l'ère chrétienne, met partout en évidence le même hiatus. Il révèle un contraste saisissant entre un idéal de renoncement véhiculé par les enseignements des *sūtra* qui nous sont parvenus et la réalité visible des développements matériels des communautés.

## La lente constitution d'une altérité doctrinale au sein des communautés monastiques

Bien que l'on ignore aujourd'hui encore où et quand exactement, un nouvel idéal spirituel d'une portée considérable pour l'histoire du bouddhisme allait voir le jour aux alentours des débuts de l'ère chrétienne. Émergeant au sein des communautés monastiques que nous venons de décrire, et lentement forgé par des érudits formés à l'étude du *Tripiṭaka*, il constitua tout d'abord un mouvement marginal aux accents parfois contestataires ou réformistes. Se diffusant assez rapidement par les Routes de la soie en direction de la Chine, cet idéal ne s'imposa que très progressivement dans le paysage religieux de l'Inde pour n'y être socialement signifiant qu'au v<sup>e</sup> siècle de l'ère chrétienne, soit quelque quatre siècles après l'émergence de ses premiers enseignements.

## Un nouvel idéal spirituel se dessine

Tout d'abord désigné sous le terme de Voie des *bodhisattva*, ce mouvement se diffusa ensuite sous le nom de Mahāyāna : le grand véhicule. Il se plaçait par là même dans un rapport de supériorité face aux enseignements qui le précédèrent. Ces derniers ne furent jamais considérés comme faux ou invalides mais comme porteurs de vérités partielles ou incomplètement révélées. Ils furent donc désignés sous le terme de hīnayāna : le véhicule de moindre portée.

En Chine, en Corée, au Japon, en Mongolie et au Tibet où aucun des *nikāya* anciens ne s'implanta, l'ensemble des développements doctrinaux du bouddhisme s'adossèrent principalement aux enseignements du Mahāyāna.

En Inde, comme en Asie du Sud-Est, cohabitèrent des enseignements et des pratiques mahāyāniques et pré-mahāyāniques. Si les uns et les autres disparurent de l'Inde au XIIIe siècle, ils perdurèrent conjointement en Asie du Sud-Est. Cela, par-delà la prééminence des enseignements des *Theravādin* imposée par les puissances politiques locales.

## Quand de nouveaux *sūtra* sont révélés

Le Mahāyāna est fondé sur la révélation de nouveaux *sūtra* attribués (comme ceux de la première corbeille) au Buddha lui-même. Les plus anciens de ces nouveaux *sūtra* ont été datés des alentours des débuts de l'ère chrétienne. Alors que s'affirmait en Inde l'usage de l'écriture, ils furent consignés en sanskrit. La langue des brahmanes et des princes devint aussi – avec quelques spécificités propres – celle des enseignements fondateurs du Mahāyāna.

Voici comment ses propagateurs associèrent la révélation de ces *sūtra* au Buddha historique. Ce dernier aurait, selon eux, dispensé des enseignements distincts à l'occasion de différentes « mises en marche de la roue du *dharma* ».

- Lors de la première de ces mises en marche, aurait été énoncé à Sārnāth un cycle d'enseignements dont les bénéficiaires furent les *śrāvaka* : les auditeurs.
- Lors de la deuxième mise en marche de la roue du *dharma*, le cycle des enseignements de la Perfection de sagesse (*Prajñāpāramitāsūtra*) aurait été transmis près de la ville de Rājagṛha à des êtres plus avancés spirituellement que les auditeurs. Enseigné pendant quelques années, leur contenu aurait ensuite été confié aux dieux ou aux génies des eaux avant d'être enfin diffusé à de nouveaux fidèles prêts à parachever la voie des auditeurs et à accomplir celle des *bodhisattva*.
- Lors de la troisième mise en marche, le Buddha délivra enfin, en divers endroits, des enseignements complémentaires aux *Prajñāpāramitāsūtra*.

Les *sūtra* du Mahāyāna se présentent comme une discussion tenue devant une vaste assemblée entre un fidèle éminent et le Buddha lui-même. De façon redondante, leurs thèmes essentiels portent sur diverses notions.

## La notion de *śūnyatā*

*Śūnyatā*, la vacuité, l'absence de nature propre de l'ensemble des phénomènes, est le grand thème doctrinal du Mahāyāna qui considère avec différentes nuances que la réalité des phénomènes est illusoire.

## La notion de *prajñā*

Volontiers traduite par sagesse, sapience ou omniscience, la *prajñā* est au cœur de la démarche spirituelle du Mahāyāna. Elle est désignée comme l'appréhension parfaite et intuitive, de la radicalité de *śūnyatā*. Elle y est dite absolue, dépourvue de toute caractéristique, au-delà des mots, libre de toute conception, de tout attachement. Elle ne conduit pas à « acquérir » ou à demeurer dans le *nirvāṇa,* pas plus qu'à se libérer du *saṃsāra*. « *Inconcevable, incommensurable, égale à l'inégalable* », elle est celle « *qui engendre tous les éveillés, qui est la mère de tous les héros pour l'éveil* ».

## La promotion du *bodhisattva* et de ses perfections

Figure déjà présente dans les *sūtra* anciens mais peu valorisée encore, le *bodhisattva* devient le grand personnage charismatique du Mahāyāna. Il formule en présence d'un *buddha* le vœu solennel d'œuvrer pour le salut de tous et s'exerce, lors de renaissances innombrables, à la pratique de perfections (*pāramitā*) dont celles de la générosité, et de la *prajñā* sont très emblématiques. Dans les textes, le *bodhisattva* est tantôt évoqué de façon générique comme un archétype de sagesse et de compassion, tantôt individualisé en des personnages vénérés comme, par exemple, Avalokiteśvara, Mañjuśrī, Vajrapāṇi, Samantabhadra et Kṣitigarbha.

### La description d'une nouvelle cosmologie

Les textes mahāyāniques développent de nouvelles conceptions cosmologiques et évoquent – en des visions souvent « kaléidoscopiques » – l'existence simultanée d'une infinité de temps et de mondes. Les *buddha* et les *bodhisattva* sans nombre qui les habitent protègent leurs fidèles de dangers ou de menaces incommensurables et y apparaissent lors d'épiphanies merveilleuses, lumineuses et colorées.

## Élaborer de nouvelles synthèses

Les recherches récentes tendent à montrer que les expressions de ces nouveaux thèmes, limitées à des cercles monastiques restreints, demeurèrent sans représentativité institutionnelle et sans incidence matérielle sur le *saṃgha* de l'Inde des cinq premiers siècles de l'ère chrétienne. Il n'en est pas moins attesté, par l'histoire des textes et celle de leurs traductions en langues non indiennes, que cette période assez longue fut d'une richesse intellectuelle remarquable et déterminante pour les siècles qui suivirent, en Inde et hors de l'Inde. De vastes sommes doctrinales, remarquables par l'acuité de leurs questionnements et par l'ampleur de leurs synthèses théoriques, furent alors rédigées par les érudits du Mahāyāna, par ailleurs stimulés par la compétition qui les opposait aux grands penseurs hindous de cette période.

Au v^e^ siècle, le Mahāyāna s'imposant désormais de manière repérable, les nuances doctrinales et disciplinaires qui distinguaient les *nikāya* les uns des autres commencèrent à céder lentement le pas devant de nouveaux regroupements que l'on désigne généralement sous le nom d'« écoles doctrinales ». Il est important de noter – pour ne pas étriquer ces désignations – que l'activité de ces écoles et de leurs maîtres fut productive dans les domaines complémentaires et nécessairement associés de la connaissance du réel, de l'exploration des ressources de la conscience, de l'approfondissement moral, de l'expression dévotionnelle autant que de l'élaboration de vastes systèmes symboliques.

# Faire l'expérience de la Voie du milieu

## Nāgārjuna

C'est à Nāgārjuna, un moine dont les dates très incertaines varient des Ier-IIe siècles aux IIe-IIIe siècles, que l'on doit la première grande somme théorique qui ait approfondi et véritablement systématisé les thèmes essentiels des *Prajñāpāramitāsūtra*. Fondateur historique du Mādhyamaka (la Voie du milieu ou la Voie médiane), il s'est vu attribuer de nombreux ouvrages. Aux côtés de son œuvre principale, *Traité du milieu*, on peut citer ici la *Précieuse guirlande des conseils au roi* adressée à un protecteur, monarque de la région de l'Andhra. Ces deux textes, objets de nombreuses exégèses, réexplorent les grands thèmes de la prédication bouddhique au jour de la notion de *śūnyatā* à laquelle il accorde une nouvelle radicalité.

## Tous les phénomènes sont dépourvus d'existence propre

Insistant sur le caractère fondamentalement illusoire de tout ce dont l'individu peut faire l'expérience, Nāgārjuna s'exerce à démontrer que, non seulement le soi est vide de nature propre, mais qu'il en est ainsi de tous les phénomènes. Poussant plus loin l'intuition des *sūtra* anciens, il étend la loi de la « coproduction conditionnée » à l'ensemble des phénomènes. Tous les phénomènes psychophysiques ou matériels s'énoncent à ses yeux dans un réseau de corrélations ininterrompues, dans un flot constant de constructions, de mutations et de disparitions.

### La voie du milieu

De façon pragmatique, Nāgārjuna articule deux niveaux d'expression de ces phénomènes :

- Au niveau relatif ou conventionnel, ces derniers semblent véritablement exister.
- Au niveau absolu, ils sont totalement dépourvus d'existence propre.

La Voie du milieu qu'il énonce vise à une expérience libératrice qui se tient à la « jonction » dynamique de l'existence et de la non-existence, de l'affirmation et de la négation. Les phénomènes ne peuvent, selon lui, être dits existants car ils sont libres de tout substrat stable ou permanent. Les phénomènes ne peuvent être dits inexistants car la dynamique de la « coproduction conditionnée » (elle-même vide de nature propre) assure de leur illusoire manifestation.

## Vers l'expérience de la profonde nature du Buddha

### Asaṅga

Près de deux siècles après Nāgārjuna, soit vers les IVe-Ve siècles, la figure éminente d'Asaṅga allait à son tour enrichir les développements doctrinaux du Mahāyāna de façon significative. Originaire de la région de Peshawar et né d'une famille de brahmanes, il se convertit au bouddhisme et fut d'abord formé aux enseignements du *Tripiṭaka* par les *Mahīśāsaka*. Il développa ensuite les thèmes portés par les *sūtra* de la troisième mise en marche de la roue de Loi pour établir son œuvre théorique. Il fonda une nouvelle école doctrinale désignée sous différents noms : l'école Cittamātra, « rien que pensée » ; l'école Vijñānavāda, « la Voie de la conscience » ; ou encore celle du Yogācāra, « la Pratique du yoga ».

S'appuyant sur trois *sūtra* particulièrement importants (le *Sūtra du dévoilement du sens profond*, le *Sūtra des dix terres* et le *Sūtra de l'entrée dans la ville de Lanka*[12]), Asaṅga insiste lui aussi sur le caractère illusoire de la réalité des phénomènes. Il réitère l'idée d'un monde dépourvu d'existence propre, pareil à un rêve produit par la conscience. « *Tout est pensée* », affirme-t-il, tout n'est que pensée et ce sont ces pensées qui produisent des effets heureux ou douloureux, aliénants ou bénéfiques pour l'individu.

## La conscience-réceptacle

Se distinguant des propositions *mādhyamika*, Asaṅga reconnut la réalité d'une conscience-réceptacle, *ālayavijñāna*, comme appui à l'activité de la pensée. À la façon d'une toile de fond, d'un support, cette conscience fut caractérisée par son aptitude à recueillir les empreintes de l'activité psychophysique avant que celles-ci ne parviennent à leur maturation par le jeu infini des corrélations et des circonstances.

## La profonde nature du Buddha

Cette théorie apportait son concours à la question de la causalité au sujet de laquelle les bouddhistes eurent souvent maille à partir avec leurs détracteurs. Elle fut parfois superposée à une autre thèse : celle de « la profonde nature de Buddha[13] ». Asaṅga affirmait avec elle l'idée plusieurs fois ébauchée dans divers *sūtra* que chaque être sensible recèle la nature profonde et lumineuse de Buddha et que la réalisation de cette nature vide et indéterminée irrigue toute œuvre compassionnelle.

Une grande partie de la littérature sanskrite *mādhyamika* et *cittamātrin* disparut avec les grands monastères bouddhiques de

12. Respectivement : le *Sandhinirmocanasūtra*, le *Daśabhūmikasūtra* et le *Laṅkāvatārasūtra*.

13. *Tathāgatagarbha*, littéralement en français « la matrice de l'Ainsi-allé ».

l'Inde lorsque ces derniers furent frappés par les raids musulmans des XII^e^-XIII^e^ siècles.

Les œuvres majeures de cette littérature nous sont toutefois parvenues grâce à leurs traductions chinoises et/ou tibétaines. Accueillies dans des contextes culturels, philosophiques et religieux singuliers, ces œuvres suscitèrent la création de nombreuses nouvelles écoles plus ou moins pérennes ou constituèrent des apports spécifiques articulés à d'autres constructions doctrinales. Une large part des écoles bouddhiques en Chine, au Japon, au Tibet et dans les royaumes himalayens du Népal et du Bhoutan portent l'empreinte plus ou moins appuyée des thèses du Mādhyamika ou du Cittramātra. Les apports des unes et des autres ont parfois été associés de façon originale comme c'est le cas pour les enseignements du Chan/Zen en Chine puis au Japon et, dans un tout autre contexte, pour ceux des *Gelugpa* au Tibet.

## Les successeurs de Nāgārjuna et d'Asaṅga

Abondamment commentées, précisées, réorientées, les thèses de Nāgārjuna et d'Asaṅga donnèrent naissance à de nombreux ouvrages, porteurs, parfois, de nouvelles inflexions doctrinales. Ils furent rédigés par de grands érudits qui se distinguèrent principalement par leur façon d'argumenter ou de démontrer les propositions de leurs maîtres. Parmi les plus éminents disciples de Nāgārjuna on peut citer :

- Āryadeva à qui l'on doit avec le *Traité des Quatre cents stances* une explication détaillée de la pensée de son maître.
- Candrakīrti qui au VIe siècle fut un grand érudit expert en débats philosophiques et recteur de Nālandā[14].
- Śāntideva qui vécut au VIIIe siècle et dont l'œuvre la plus fameuse et la plus accessible, *L'entrée dans la pratique des bodhisattva*, n'a cessé d'être commentée jusqu'à nos jours.

Parmi les plus éminents disciples d'Asaṅga on peut citer:

- son frère Vasubandhu ;
- Dharmapāla, un grand érudit et logicien des VIe-VIIe siècles ;
- son disciple Dharmakīrti dont l'œuvre fut tenue en grande estime au Tibet.

14. Une des plus grandes universités bouddhiques cf. ci-dessous.

# Grandes universités

En retournant à présent vers l'Inde et en considérant la longue période qui s'étend de la fin du VIe siècle à la fin du XIIe siècle, on peut repérer trois régions très actives concernant les évolutions du Mahāyāna :

- l'ouest du Deccan (les sites d'Ellorā et d'Aurangabad notamment) ;
- le Cachemire ;
- et la moyenne vallée du Gange.

C'est en effet dans la moyenne vallée du Gange, non loin des grands sites de pèlerinages liés à la vie du Buddha, que se développèrent d'importants centres monastiques souvent désignés par les historiens sous le terme d'« universités ».

- Nālandā fut la plus célèbre et la plus ancienne d'entre elles. Elle fut créée au IIIe siècle puis considérablement développée sous la dynastie des Gupta (IVe- VIe siècles) et celles des Pāla-Sena (VIIIe-XII[e] siècles) grâce à un mécénat royal particulièrement actif.
- Vikramaśīla et Odantapurī constituèrent elles aussi de brillants centres spirituels. Comme à Nālandā, les enseignements bouddhiques constituaient les fleurons de leurs différents cursus alors que leurs bibliothèques attiraient à elles des érudits de tous horizons venus se former à différentes disciplines.

### La moyenne vallée du Gange

Cette région (correspondant aux Bihār et Bengale actuels) mérite une attention particulière pour plusieurs raisons. La première est que nous disposons d'un matériel historique et archéologique très conséquent nous renseignant sur ses réalités religieuses. La deuxième est qu'elle eut un pouvoir de rayonnement et d'attraction considérable sur une grande partie du monde bouddhique. La dernière est qu'elle fut un des derniers grands bastions du bouddhisme indien avant l'islamisation du sous-continent.

S'il est en outre important de s'intéresser à ces universités, c'est qu'elles furent aussi les lieux de transmissions initiatiques qui, par-delà leur caractère essentiellement ésotérique (transmis dans le secret d'un lien forgé entre un maître et son disciple), marquèrent fortement l'identité du bouddhisme tardif de l'Inde, celle du bouddhisme himalayen mais également celui de l'Asie du Sud-Est, de la Chine, de la Corée et du Japon.

## Parcours initiatiques

La dimension ésotérique du bouddhisme n'était pas étrangère à certains des *sūtra* anciens. Le souci de ne transmettre qu'à un auditoire choisi les vérités les plus profondes fut toutefois affirmé par les *sūtra* du Mahāyāna et, plus encore, par les traditions initiatiques qui viennent d'être évoquées. Ces dernières donnèrent lieu à une importante créativité dont les enrichissements furent considérables dans plusieurs domaines :

- les modes de transmissions spirituelles de maître à disciple ;
- les usages didactiques, poétiques ou magiques du langage ;
- l'usage de dispositifs rituels de plus en plus complexes ;
- le développement de figures sacrées de plus en plus nombreuses (*buddha*, *bodhisattva*, gardiens de la doctrine, etc.) ;
- le déploiement de systèmes symboliques riches et complexes ;
- l'affirmation d'une esthétique nouvelle.

Les *tāntrika*[15] furent en Inde au cœur de cette nouvelle dynamique que l'on désigne sous les termes de Vajrayāna (le véhicule du diamant), Mantrayāna (le véhicule des *mantra*) ou Tantrayāna (le véhicule des *tantra*).

15. Nous utilisons ici le terme générique de *tāntrika* pour désigner les initiés aux pratiques du Vajrayāna, Mantrayāna ou Tantrayāna. Le mot *tantra* désigne tout d'abord la chaine d'un tissu. Il a pris le sens de continuité, de groupe d'éléments tenus ensemble, de système.

**Définitions**

> **Vajrayāna**
>
> Le terme Vajrayāna met en évidence le symbole du vajra (le diamant ou le foudre), dont la clarté et la dureté rappellent la perfection de la sagesse, l'immuabilité de la vacuité dont la fulgurance anéantit toutes les formes d'ignorance et de dualité.
>
> **Mantrayāna**
>
> Le terme Mantrayāna souligne l'important usage des mantra ou formules sacrées en tant que moyen d'accomplissement spirituel.
>
> **Tantrayāna**
>
> Le terme Tantrayāna fait quant à lui référence à des textes particuliers, les *tantra*, dont certains exposent les objectifs et les modalités de rituels spécifiques. C'est à partir de ce terme que les historiens ont formé le mot « tantrique ».

## Les nouvelles perspectives des *tāntrika*

Ouvertement attentifs aux héritages séculaires (malgré de véhémentes critiques à l'égard des rigidités monastiques ou des ratiocinations scolastiques), les *tāntrika*, reconnaissaient la valeur des *sūtra* et celle du cheminement du *bodhisattva*. Ils appuyèrent leur démarche sur les fondements théoriques exposés par Nāgārjuna et Asaṇga dont ils firent émerger de nouvelles perspectives :

- Ils affirmèrent ainsi la possibilité d'un accomplissement spirituel ici et maintenant, dans le temps de cette vie même, et non plus uniquement au terme d'une longue succession de renaissances vertueuses.
- Ils revendiquèrent la possibilité d'user du potentiel des passions au bénéfice des accomplissements spirituels et du bien de tous. Au lieu de les purifier ou de les annihiler, ils proposèrent d'en inverser les perspectives grâce à des exercices spirituels d'une radicalité nouvelle.
- Ils déclarèrent nécessaire à la pratique de cette voie difficile et dangereuse, l'accompagnement d'un maître accompli capable

de prévenir les égarements psychiques ou le mauvais usage des pouvoirs acquis.

- Ils multiplièrent les méthodes aptes à réorienter les facultés de l'individu tout entier (corps, parole, esprit) ; à rendre effectives les implications de l'appréhension parfaite de la *prajñā* ; à impliquer l'ensemble des constructions mentales, langagières et comportementales dans un engagement pleinement conforme à la conscience de la vacuité.
- Ils développèrent la conscience de correspondances micro et macrocosmiques identifiant la réalité du corps et de ses facultés à celle de l'univers tout entier.

Avant de marquer largement de leur empreinte la culture bouddhique de plusieurs pays d'Asie (notamment celle de la Chine, du Japon et dans une mesure plus large encore celle du Tibet), l'imaginaire et les pratiques initiatiques ne concernèrent qu'une élite spirituelle restreinte. Certains *tāntrika* constituèrent d'abord de petits groupes intégrés à la vie monastique des universités bouddhiques notamment, d'autres décidèrent de mener une vie essentiellement érémitique ou socialement marginale, d'autres encore quittèrent temporairement le cadre du monastère pour des périodes plus ou moins longues de retraite ou de quête spirituelle.

Dans le cadre de la vie monastique, les processus initiatiques donnèrent lieu à la création de dispositifs rituels extrêmement développés dont le vocabulaire cérémoniel fit de nombreux emprunts à l'hindouisme. L'un de ces rituels, l'*abhiṣeka*, est la première étape autorisant la pratique du *Vajrayāna*.

### Rituels initiatiques

*Abhiṣeka* signifie littéralement onction ou aspersion. Le disciple, paré et ondoyé par son maître, y est investi d'une valeur spirituelle nouvelle, d'une conscience de son unité avec la réalité suprême et d'un ensemble de pouvoirs liés à différentes sagesses le rendant apte à engager les premiers pas de sa mutation spirituelle. Le temps de cette mutation est principalement celui de la *sādhana*. Conduite, là encore, par un maître, elle constitue aussi une session ritualisée qui, au moyen de visualisations, de récitations et de gestes codifiés, invite un ou plusieurs disciples à une identification avec une figure tutélaire (un *buddha* ou un *bodhisattva* par exemple). Les accomplissements les plus hauts visés par cette identification sont ceux d'une libération parfaite, exempte de toute dualité.

Qu'ils s'exercent ou non dans un cadre monastique, les dispositifs initiatiques du Vajrayāna convoquaient des puissances telles qu'ils suscitèrent l'intérêt d'une plus vaste audience que celle d'individus spirituellement engagés. En exerçant leur art rituel au bénéfice du roi, du royaume ou de toute autre communauté, les *tāntrika* assurèrent la diffusion de multiples références tantriques hors des cercles restreints qu'ils constituèrent tout d'abord. Les manifestations formelles du bouddhisme se rapprochèrent ainsi de celle de l'hindouisme, lui aussi animé par des tendances tantriques spécifiques.

### *Maṇḍala*

Devenu familier hors de l'Asie, le *maṇḍala* joue un rôle important dans le contexte tantrique. Il désigne un diagramme centré, orienté et ordonné. Il peut tout à la fois être la représentation de la résidence d'une figure sacrée, une aire rituelle, une image restituant l'ensemble du cosmos. Un *maṇḍala* peut être créé mentalement ou représenté matériellement en deux ou trois dimensions. Il peut donner lieu à des productions pérennes ou éphémères, luxueuses ou très modestes. Elles pourront, selon les cas, servir d'offrande, de support de méditation, d'espace consacré pour des rituels initiatiques.

CHAPITRE 5

# FIGURES EXEMPLAIRES ET PARCOURS SPIRITUELS

**Au programme**

- Un « panthéon » évolutif en constante expansion
- L'*arhat*
- Par-delà le flot des tourments
- Le *bodhisattva*

Dire sa foi en la figure du Buddha et l'authenticité des *sūtra*, partager des règles de vie et des rituels, pousser la réflexion intellectuelle afin de comprendre le réel, développer nombre de dispositifs psycho-physiques pour libérer de l'ignorance et du cortège de maux qu'elle induit. Ces ambitions toujours renouvelées dans le temps et l'espace des développements du bouddhisme furent (et demeurent) portées, nourries et exprimées par des imaginaires et des systèmes de représentations d'une richesse et d'une diversité étonnantes.

Les personnages vénérés, qui y jouent un rôle des plus conséquents, furent très tôt les appuis familiers des usages dévotionnels, cultuels et méditatifs des fidèles. Ils constituèrent un « panthéon » aux variantes locales très affirmées. De fait, et dans de très nombreux contextes, le bouddhisme s'imposa comme une fabrique d'images dont la créativité, au Tibet et au Japon notamment, a souvent défié les efforts les plus opiniâtres de dénombrement.

## Un « panthéon » évolutif en constante expansion

Si on laisse à part le Buddha qui combine pour les fidèles une identité historique et une identité archétypale exemplaire, on peut distinguer deux grandes catégories de figures au sein de ce panthéon.

- La première de ces catégories réunit des personnages dont l'identité est une construction doctrinale ou rituelle. L'existence de ces personnages est bien réelle et signifiante pour les fidèles mais elle ne s'énonce pas d'un point de vue « historique » ni même mythologique la plupart du temps. Il en est ainsi des *buddha*, *boddhisattva,* gardiens de la doctrine, rois de sciences[16] plus ou moins individualisés qui se sont multipliés dans le cadre du Mahāyāna. Avec deux, quatre, huit bras et plus encore, sous des aspects paisibles ou courroucés, ces figures vénérées – qui concentrent qualités et pouvoirs – peuvent être accompagnées ou non d'une parèdre, d'un cercle d'assesseurs plus ou moins diversifiés… Elles constituent un ensemble dont l'expansion est potentiellement sans limite et s'enrichit principalement dans le cadre de la composition liturgique.
- La seconde catégorie réunit des personnages dont la réalité historique – vraisemblable ou tout à fait réelle – a pris une dimension exemplaire ou légendaire très affirmée, donnant lieu à des productions littéraires, iconographiques ou cultuelles signifiantes. Il en est ainsi, par exemple, des « moines éminents » que les biographies rédigées en Chine présentent selon leurs spécialités : excellents traducteurs, thaumaturges, instructeurs religieux, compositeurs d'hymnes… On peut aussi citer, concernant le Japon, l'attention portée aux patriarches fondateurs des grands monastères, ou des écoles doctrinales (indiennes, chinoises ou japonaises). On peut de même évoquer pour le Tibet, les vies des quatre-vingt-quatre *mahāsiddha*

16. Personnifications des pouvoirs des formules rituelles.

(grands accomplis) réunies dans un recueil de courtes histoires mettant en scène quatre-vingt-quatre *tāntrika* volontiers transgressifs et scandaleux.

Partout dans le monde bouddhique, la diversité de ces maîtres rend compte des multiples façons de mettre en œuvre le *dharma* et d'accomplir son objectif spirituel. Tantôt conformément à des normes doctrinales, monastiques ou sociales établies. Tantôt de façon rebelle aux conventions, comme nous invitent à le constater les irrévérences du moine *chan* Linji en Chine ou la démesure de Padmasambhava le « second *buddha* du Tibet » pour ne citer qu'eux.

Plus que d'explorer la diversité du panthéon bouddhique, il est dans un premier temps essentiel de s'arrêter sur deux personnages archétypaux et de dégager avec eux deux types de cheminements spirituels ayant fortement structuré l'imaginaire bouddhique : celui de l'*arhat*, le méritant érémitique, et celui du *bodhisattva*, le sage compassionnel.

Si les communautés attachées aux enseignements pré-mahāyāniques s'attachèrent presque exclusivement la figure de l'*arhat*, les fidèles du Mahāyāna valorisèrent, dans des mesures différentes, les figures de l'*arhat* et du *bodhisattva,* donnant à ce dernier une prééminence certaine.

## L'*arhat*

*« En renonçant au monde, j'ai laissé les maisons, j'ai laissé le fils, le bétail et l'être cher. J'ai laissé la passion et la haine, j'ai répudié l'ignorance. J'ai éradiqué la soif : je suis apaisée*[17]*, parvenue à l'extinction. »*

*Therigatha*, 18.

17. Le féminin employé ici précise que l'auteur de cette stance est une nonne. Le cas, suffisamment rare dans la littérature pālie, nous invite à le signaler.

Des différents types d'engagements spirituels présents des *sūtra* anciens, l'*arhat,* toujours subordonné au Buddha historique, est une figure plus éminente encore que celle du *bhikṣu*. Le sens initial du mot *arhat* désigne celui qui a du mérite, le méritant, celui dont on reconnaît toute la valeur de l'accomplissement spirituel.

Par ses engagements et ses perfections, *l'arhat* surpasse :

- le simple disciple qui est « entré dans le courant » de la Bonne Loi ;
- le disciple plus avancé qui est entré dans son avant-dernière existence ;
- le disciple, plus avancé encore, qui ne « reviendra plus » dans ce monde des désirs.

Par ses propres efforts, l'*arhat* est celui qui s'est libéré du *saṃsāra*. Plus précisément, celui qui a atteint le *nirvāṇa* après s'être affranchi des *āsrava*.

# Par-delà le flot des tourments

**Les *āsrāva***

Ce dernier terme est volontiers associé à l'image du fleuve dans les textes anciens. *Ā-sru* signifie couler, se déverser, fuir. Les *āsrāva* se rapportent à tout ce qui entraîne dans la dynamique du flux ininterrompu, incontrôlé du cycle des vies et des renaissances. Ils désignent donc en premier lieu les trois forces d'égarement que sont :

- le désir des plaisirs ;
- l'attention au devenir ;
- l'ignorance qui prive l'individu ordinaire de la perception juste de la réalité.

Les images associées à cette dynamique incessamment mobile du flux à laquelle condamnent les *āsrāva* sont omniprésentes et s'opposent à celles de la paix du « lac profond et serein » que l'*arhat* a rejoint. Contenu, contrôlé, paisible, serein, immobile, impassible… l'*arhat* est celui qui a détruit toutes les souillures, celui qui est libéré de tous les attachements, celui qui a éteint le cycle des causes et des effets.

Les *sūtra* anciens qui ont décrit les pratiques de l'*arhat* se sont appliqués à rendre perceptibles ses expériences psychiques hors du commun ainsi que les bonheurs et les bénéfices spirituels qui en découlent. Parmi ces textes, le recueil des *Dhammapada*, *Les stances de la Loi,* est sans doute l'un des plus éloquents[18]. Il réunit des exposés brefs sur les grands thèmes de la prédication bouddhique et met en lumière les aspects essentiels de la discipline intérieure à laquelle le renonçant s'exerce pour cheminer vers l'état de méritant accompli.

## Une conduite exemplaire

Qualifié de *buddha*, de *muni* (silencieux), d'*ārya* (noble), de « *vrai* brahmane », l'*arhat* s'y distingue par l'exemplarité et le caractère exceptionnel de son engagement. Il est celui qui suit « un chemin difficile », celui dont personne ne peut mesurer le mérite tant il est sans limite, celui dont *« la trace est aussi difficile à suivre que celle des oiseaux dans le ciel »*. Pleinement éveillé, il est celui dont *« la victoire ne peut être vaincue »*.

## Hors de la vie mondaine

Son engagement ne s'accomplit que hors du cadre de vie du maître de maison. L'*arhat* a quitté son domicile pour le « non-domicile ». Il ne trouve plus de plaisir dans l'habitation et, *« telles les oies royales abandonnent leur lac, il délaisse tout séjour »*, il rejoint la montagne ou les forêts sauvages que les hommes ordinaires redoutent. Renonçant aux plaisirs de la vie mondaine, il ne se complaît plus dans la recherche des richesses et des honneurs mais



18. Les citations qui suivent sont issues de la traduction de J.-P. Osier, *Le Bouddha Dhammapada, les stances de la Loi*, Garnier Flammarion, 1997.

se *« voue au retrait »*. S'éloignant des *« sots et des négligents »*, il s'exerce au contrôle de ses sens et se libère de ce qui est ordinairement plaisant. Il contient son corps, sa parole, son esprit et veille à bien se comporter corporellement, verbalement et mentalement.

## Cultiver la vigilance

Une des disciplines à laquelle il consent et qui compte comme un chemin sûr vers la paix *« insurpassée de l'extinction »,* est celle de la vigilance. *« Debout ! »* ordonnent les *Dhammapada. « Il faut être vigilant, il faut réaliser la Bonne Loi : celui qui agit ainsi est heureux dans ce monde et dans l'autre. »* La vigilance permet à tout instant de dompter, de canaliser les intentions portées par l'activité des sens, de la parole et de l'esprit. Constant dans ses efforts de vigilance, l'*arhat* peut accéder à l'intelligence profonde de la Loi. Pleinement vigilant, il *« illumine ce monde comme l'astre lunaire quand il n'y a pas de nuages »*. Il réside ainsi dans la vérité de la Doctrine et, libéré de tout tourment, il n'est plus la proie de la mort et du désir. *« De ces vertueux qui cultivent la vigilance et que libère la connaissance correcte, Māra ne trouvera pas la route. »* L'*arhat*, dont les souillures sont détruites, est celui qui est *« arrivé au bout du chemin, sans chagrin, absolument libéré, délivré de tous les liens : pour un tel homme il n'y a plus de peine ardente »*. Accédant à un bonheur inégalé, il goûte la joie de la Loi car il n'est plus soumis au cycle douloureux des renaissances.

## Exercices psychiques

Plus développés et plus systématisés que ceux des *Dhammapada,* les enseignements réunis dans les *Dīghanikāya* ou les *Majjhimanikāya*[19] proposent un examen minutieux du fonctionnement de l'esprit et décrivent les entraînements psychiques auxquels le renonçant

19. Deux des recueils de la première corbeille des *sūtra* anciens.

s'exerce pour atteindre les accomplissements de l'*arhat* conquérant étape par étape de nouvelles habiletés spirituelles.

Elles ont pour vocation de dénouer l'entrelacs des vues erronées et d'accéder à une nouvelle justesse d'appréhension de la réalité. L'acquisition de ces habiletés requiert une dynamique qui conjugue la nécessité d'apaisements de plus en plus profonds et la nécessité d'une acuité de perception de plus en plus pénétrante.

De façon concomitante, l'apaisement conduit à une appréhension plus juste de la réalité. Cette appréhension plus juste conduit à son tour à des apaisements plus profonds et ainsi de suite (ou vice-versa) jusqu'à ce que l'esprit soit totalement libre d'agitation et que l'intelligence de la Loi soit pleinement, intuitivement intégrée, hors du jeu des constructions mentales.

On compte, parmi les premiers exercices, les pratiques vertueuses de bonne conduite, les réflexions sur la misère du corps mort ou le bénéfice de la compassion, par exemple, pour venir à bout des cinq obstacles rédhibitoires à toute progression.

**À noter**

Cinq obstacles à toute progression :

- le désir pour les objets des sens ;
- la malveillance ;
- la torpeur ou la langueur ;
- l'inquiétude ;
- le doute.

Affranchi des cinq obstacles, le renonçant peut s'exercer à quatre *dhyāna* – quatre recueillements – qui permettent à la conscience de s'apaiser et de trouver une plus grande sérénité.

- Lors du premier *dhyāna*, la conscience, encore tenue par l'activité de l'attention et de l'analyse, accède à un détachement dont la joie emplit totalement le renonçant.

- Lors du deuxième *dhyāna*, la conscience, défaite de l'activité de l'attention et de l'analyse, accède à un détachement plus subtil et plus joyeux encore.
- Lors du troisième *dhyāna*, la conscience, pleinement vigilante, se détache de la joie apportée par les deux premiers *dhyāna* et demeure dans un bonheur d'une parfaite équanimité.
- Lors du quatrième *dhyāna*, la conscience, libérée du bonheur même du détachement, est parfaitement pure, vigilante et impassible.

Les accomplissements auxquels préparent les *dhyāna* s'épanouissent dans le cadre de deux orientations :

- La première vise, par l'abandon de toute intentionnalité consciente, à la cessation progressive de toute perception. Elle conduit le renonçant à des états psychiques totalement contemplatifs, à des ravissements extatiques (*samāpatti*).
- La seconde orientation vise, par une extrême acuité, à acquérir une parfaite intuition de la vacuité du soi. Cette intelligence parfaite, clairvoyante (*prajñā*), libre de tout flux, ne procède plus d'aucune intention ni d'aucune construction intellectuelle ou discursive. L'ayant atteinte, le renonçant bénéficie de pouvoirs surnaturels (s'élever vers le ciel, traverser les murs, etc.). Il peut lire les intentions et les destinées d'autrui, peut se remémorer ses vies passées et a pleinement conscience d'être libéré. Il est dit qu'il ne s'attache toutefois ni à ces pouvoirs, ni au *nirvāṇa* car il a pleinement dépassé les jeux « d'appropriations ».

> *« Ce moine, cet* arhat *qui a mis fin aux flux impurs, qui a vécu noblement, fait ce qu'il avait à faire a déposé son fardeau. Il a brisé les chaînes du devenir il a atteint le but et s'est libéré par la connaissance exacte ô moines. Le voici celui qui reconnaît à fond le* nirvāṇa *comme étant le* nirvāṇa. *»*
>
> *Majjhimanikāya*, I, 4.

Par ses expériences et ses accomplissements, l'*arhat* réitère donc l'essentiel du cheminement ascétique du Buddha historique. Il se distingue toutefois de l'Éveillé par le fait de ne pas être l'instigateur de la Bonne Loi – mais son disciple – et de ne pas accompagner autrui vers l'extinction grâce à son enseignement. Les textes font toutefois mention du vœu que formulent certains *arhat* d'accompagner vers l'éveil ceux qui le souhaitent et de se conformer ainsi plus encore à l'exemple d'un *buddha* « parfaitement éveillé » apte à partager et enseigner le *dharma*. Ils sont alors désignés sous le terme de *bodhisattva* : des êtres promis à l'éveil ou des *buddha* en devenir. Comme nous l'avons souligné plus haut, cette notion reformulée et largement enrichie dans les *sūtra* du Mahāyāna fut promise à une très grande fortune. L'exemplarité de l'*arhat* y perdit en partie sa pertinence au bénéfice de celle du *bodhisattva,* devenu la figure exemplaire du Mahāyāna.

## Le *bodhisattva*

> *« Demeurant dans le cycle, les sages suprêmes sont à même d'œuvrer à l'incomparable bien des êtres sans passer au-delà des peines. Accomplis dans la sagesse fondamentale et la méthode de la perfection de sagesse, ils savent qu'en raison de la pureté de tous les phénomènes, le cycle est immaculé. »*
>
> La perfection de sagesse en cent cinquante moyens.

Le mot *bodhisattva*, qui articule deux termes, *bodhi* (éveil) et *sattva* (être), peut être entendu de deux façons sensiblement distinctes si l'on considère le personnage emblématique qu'il désigne au jour de son cheminement ou de son accomplissement.

- S'il est question de son cheminement, le *bodhisattva* est un « être promis à l'éveil » et l'on porte l'attention sur les étapes de sa progression.

- S'il est question de son accomplissement, le *bodhisattva* est pleinement considéré comme un « être d'éveil » et l'on porte plus volontiers l'attention sur la singularité de son efficience.

Le *bodhisattva* pleinement accompli est celui dont les qualités articulent deux efficiences : celle de la *prajñā* (la sagesse) et celle d'*upāya* (les moyens habiles à conduire les individus vers le salut).

Réitérant l'exemplarité de l'œuvre compassionnelle du Buddha historique avant son ultime naissance, le *bodhisattva* se manifeste lors de son inépuisable carrière par des naissances infiniment variées. On le découvre maître de village, chef de caravane, chapelain, ministre, ermite, esclave ou courtisane, prêt à faire le bien de tous les êtres et les établir dans la Loi des *buddha*.

Tout à la fois protecteur de tous les dangers, donateur prodigue capable de livrer jusqu'à son propre corps pour le salut d'autrui, le *bodhisattva* est aussi celui qui recueille, conserve et dispense les enseignements de *buddha* en nombre infini. Il est celui qui détient les *dhāraṇī*, les formules qui en condensent tous les pouvoirs et qui protègent de tous les fléaux. Son œuvre se dessine ainsi dans l'ambivalence d'une nature tout à la fois humaine par son inspiration et surhumaine par l'échelle de son ambition compassionnelle.

Nous invitant par leurs nuances à nous confronter à quelques paradoxes parfois, trois monuments essentiels de la littérature du Mahāyāna peuvent être retenus pour aborder le parcours d'un *bodhisattva* :

- les *Prajñāpāramitāsūtra,* « Les *sūtra* de la perfection de sagesse » ;
- le *Bodhisattvacaryāvatāra,* « L'entrée dans la pratique des *bodhisattva* » ;
- le *Daśabhūmikasūtra,* « Le *sūtra* des dix terres ».

## Les *Prajñāparamitāsūtra*

Nous avons déjà vu l'importance du thème de *prajñā* dans les *Sūtra de la perfection de sagesse.* Elle est désignée comme l'appréhension parfaite, intuitive, de la radicalité de *śūnyatā,* la non-substantialité, non seulement du soi mais de tout ce qui peut être perçu, nommé, pensé…

Par l'appréhension de cette sagesse, le *bodhisattva* bénéficie d'une omniscience *« inconcevable, incommensurable, égale à l'inégalable »*. Fort de ce pouvoir *« qui est la mère de tous les héros pour l'éveil »*, il ne s'attache pas à l'éveil ni ne souhaite demeurer en *nirvāṇa*. Il se distingue sur ce point de ceux qui, recherchant *« gains et honneurs sont attachés à leur robe et à leur bol à aumônes »* et *« visent l'inférieur, de pauvre inspiration, installés dans un piètre véhicule »*.

### ***Bodhisattva* versus *arhat***

Les accomplissements de l'*arhat* se dessinent donc – dans ce contexte parfois polémique – comme une simple étape vers les accomplissements jugés plus vastes et plus profonds du *bodhisattva*. Non que l'*arhat* ait suivi une voie erronée, mais plutôt inachevée, préliminaire. Attaché à la pensée de l'éveil, il ne perçoit pas la radicalité de *śūnyatā*. Il distingue encore *saṃsara* et *nirvāṇa* et aspire donc à se défaire de l'un pour gagner l'autre.

Fort de *prajñā*, le *bodhisattva* qui empreinte le Grand véhicule n'a pas à passer au-delà des peines. Il demeure hors du *nirvāṇa* car il sait qu'en raison de *śūnyatā*, le *saṃsāra* est lui-même « immaculé » qu'il est le champ de sa pleine réalisation et celui de tous ses accomplissements.

## Engagements

C'est en abordant le *Bodhisattvacaryāvatāra*[20] qu'il est possible de saisir les tout premiers moments de l'engagement du *bodhisattva* vers ses accomplissements. Remarquable pour l'intensité de son inspiration et la clarté de son écriture, ce texte tardif, rédigé par Śāntideva au VIIIe siècle, dresse la figure du *« héros pour l'éveil »* de

20. Les références à ce texte sont ici toutes issues de la traduction du texte du *Bodhisattvacaryāvatāra* traduit du tibétain par G. Driessens : *Śāntideva, Vivre en héros pour l'éveil*, Paris, Le Seuil, 1993.

façon particulièrement vivante et sensible. Il restitue, mieux que toute autre source sans doute, la ferveur de celui qui, par le pouvoir d'un *buddha*, voit grandir en lui *« l'esprit d'éveil »*.

Ce dernier, qui délivre de toutes les erreurs passées, s'impose comme un vœu compassionnel absolu, une aspiration inébranlable à libérer tous les êtres de la souffrance :

> *« Puissè-je être le protecteur des abandonnés, le guide de ceux qui cheminent, la barque, le navire et le pont pour ceux qui désirent traverser le flot. Puissè-je être une île pour ceux qui cherchent une île, une lampe pour ceux qui en désirent une, une couche pour ceux qui veulent prendre du repos et l'esclave des êtres souhaitant un esclave […] Et, jusqu'à ce qu'ils passent au-delà des peines, puissé-je de toutes les manières être une source de vie pour l'ensemble des mondes et des êtres qui atteignent aux confins de l'espace ! »*

Le texte énonce à la suite de ce vœu les promesses auxquelles le *bodhisattva* consent pour ne pas rompre ses engagements et les « aptitudes » qu'il doit acquérir pour les assumer. Son parcours se décline alors en une série de six *pāramitā*, c'est-à-dire six perfections :

- la perfection du don (*dāna*) ;
- la perfection de l'éthique (*śīla*) ;
- la perfection de la patience (*kṣānti*) ;
- la perfection de l'énergie (*vīrya*) ;
- la perfection de la méditation (*dhyāna*) ;
- la perfection de la sagesse (*prajñā*).

Atteinte les unes après les autres, les *pāramitā* entrent progressivement en interaction et se « colorent » mutuellement. La perfection du don acquiert ainsi plus de richesse parce que nourrie de celle de l'éthique, elle-même nourrie de la patience, de l'énergie, etc. Finalement atteinte, la perfection de sagesse confère une dimension nouvelle à toutes les autres en les éclairant de la conscience de *śūnyatā*. Elle initie donc ainsi une dynamique circulaire qui s'amplifie et confère une dimension de plus en plus subtile et profonde à l'efficience compassionnelle du *bodhisattva*.

Quatre sentiments « illimités », quatre dispositions spirituelles nées de diverses méditations et ferments de l'action salvatrice, viennent dans certains textes enrichir encore la perfection, il s'agit de :

- la bienveillance (*maitrī*) ;
- la compassion (*karuṇā*) ;
- la joie (*muditā*) ;
- l'équanimité (*upekṣā*).

## Cheminements et perfectionnements des dix terres

C'est avec le *Daśabhūmikasūtra*[21] qu'il est possible de compléter le portrait du *bodhisattva*. Ce *sūtra*, qui fut l'objet de nombreuses exégèses, présente le *bodhisattva* comme un être s'exerçant sans fin à une série d'accomplissements plus déployés encore que ceux des six perfections. Cette série est celle des « dix terres » : dix états de conscience et de perfectionnement. Trois parmi elles (la première, la septième et la dernière) sont particulièrement importantes.

### La première terre

La première nommée « joie suprême » est atteinte par celui qui, ayant « planté des racines de bien », réalise qu'il peut être l'égal des *buddha* et aider des êtres en nombre infini à s'affranchir du *saṃsāra*. Dès qu'il engendre cet esprit, il quitte « sa condition ordinaire et accède à l'état de *bodhisattva* ».

Il formule alors les vœux ambitieux de pouvoir :

- recevoir, protéger et détenir les enseignements des *buddha* ;

21. Les citations du *Daśabhūmikasūtra* sont ici issues de la traduction du chinois de P. Carré : *Soûtra des Dix Terres – Dashabhûmika*, Fayard, 2004.

- assister à l'avènement et à la pleine réalisation des *buddha* ;
- instruire et placer sur la voie de l'omniscience tous les êtres sensibles ;
- percevoir pour cela l'étendue de tous les mondes existants ;
- partager sans rivalité la sagesse d'innombrables *bodhisattva* ;
- ne jamais régresser grâce à l'excellence de ses pratiques ;
- réaliser le parfait éveil et ainsi entrer dans le *nirvāṇa* sans interrompre sa pratique de *bodhisattva*.

Si la pureté de cette aspiration lui permet d'atteindre *« l'insurpassable et parfaite omniscience »*, il ne sait toutefois pas encore y demeurer pleinement ni user de tous ses potentiels. C'est donc le séjour au sein des autres terres qui lui permettra de rendre active cette omniscience *« sur une échelle vaste comme la dimension absolue, ultime comme l'espace, sans limite future ni répit lors de toutes les ères cosmiques »*.

## La septième terre

Arrivé à la septième terre au terme d'efforts maintenus durant plusieurs *« centaines de milliers de millions de milliards d'ères cosmiques »*, le *bodhisattva* a non seulement réalisé la sagesse de la vacuité mais a acquis la maîtrise de tous les moyens habiles. Il prend alors conscience qu'il doit renoncer à la dynamique de l'effort et accomplir désormais *« spontanément »* l'unité de la sagesse et de ces moyens pour *« des centaines de milliers de millions de milliards d'ères cosmiques et dans des centaines de milliers de millions de milliards de mondes »*.

## La dixième terre

L'arrivée dans la dixième terre nommée *« nuage des enseignements »* consacre cette ultime faculté, alors que des *buddha* et des *bodhisattva* en nombre infini s'amassent pour célébrer son investiture dans des flots de louanges, de parfums et d'étoffes chatoyantes. Maître du temps passé, présent et futur, le *bodhisattva* déploie ses pouvoirs les plus extraordinaires dans les dix directions de l'univers et amasse d'inépuisables mérites. Établi dans la *« très profonde essence véritable du réel […] sans caractéristique […], il manifeste des activités les plus variées en restant au niveau de la vérité absolue ».*

Le parcours des dix terres s'achève ainsi, alors que commence la pleine efficience du *bodhisattva* pour des temps infinis et dans des mondes situés au-delà de toute conscience humaine ordinaire.

CHAPITRE 6

# PRATIQUES

**Au programme**

- Pratiquer le don
- Énoncer et réciter : un art bouddhique du langage ?
- Fidèles en chemin : pèlerinages bouddhiques

Qu'ils décident d'embrasser ou non la voie monastique, qu'ils suivent avec plus ou moins de rigueur les préceptes essentiels de l'octuple chemin, les bouddhistes dans leur très grande majorité partagent avant tout leur confiance en l'authenticité de l'expérience du Buddha et en l'exemplarité des vénérés et des maîtres éminents. Ils ont, à travers eux, foi en la validité d'enseignements qu'ils n'ont pas toujours reçus mais dont ils reconnaissent l'autorité. Ils croient en l'horizon d'une possible délivrance et, quelle que soit la réalité de leur expérience, placent leurs espoirs en l'efficacité de multiples pratiques.

Tout comme les constructions doctrinales et les figures vénérées, les pratiques bouddhiques sont d'une grande variété. Elles varient en fonction des contextes géographiques, historiques et sociaux. Elles se distinguent aussi en fonction du statut des fidèles (laïcs ou religieux), de l'intensité de leur implication personnelle, de celle de la communauté sociale à laquelle ils appartiennent, de leur accès plus ou moins aisé aux enseignements…

Ces pratiques peuvent être de l'ordre :

- du culte : rendre hommage et faire offrande (*pūjā*) à des figures ou des lieux saints, réciter des textes ou des formules propitiatoires, composer des hymnes en faveur d'un *buddha* ou d'un *bodhisattva,* etc. ;

- de l’érudition : étudier, copier, traduire, approfondir, commenter ou prolonger l’enseignement des *sūtra* ou celui de l’enseignement de grands maîtres ;
- de la discipline intérieure : se conformer à des vœux prononcés, s’astreindre par différents exercices à la culture de l’esprit (*bhāvanā*) que l’on évoque communément – et de façon restrictive – sous le terme de « méditation » ;
- de l’accompagnement par les moyens habiles (*upāya*) : instruire, transmettre le *dharma*, réaliser des rituels à vocation performative en faveur d’un tiers, garantir la protection ou des bienfaits par des processus magiques, aider à la décision par des méthodes oraculaires.

Si les religieux sont par vocation amenés à exercer ces différentes catégories de pratiques, très peu d’entre elles leur sont réservées à titre exclusif. Aucune sanction normative ne saurait par ailleurs priver un individu de la liberté d’exercer telle ou telle pratique ou de dénoncer l’inanité de telle autre. Ce qui est proscrit ou prescrit s’énonce dans ce domaine au sein de chaque communauté monastique ou de chaque groupe social. Il faut donc, une fois de plus, observer de multiples nuances et variantes par-delà un tronc commun globalement partagé.

Par-delà cette variété, les dons pieux, les récitations, les pèlerinages sont partout présents dans le monde bouddhique et sont partagés par le plus grand nombre. Ceci, même si leur teneur ou leur efficacité religieuse se distinguent en fonction des ambitions de chaque fidèle ou de chaque communauté.

Exécutées par les religieux ou les laïcs, par les hommes ou par les femmes, jeunes ou âgés, riches ou pauvres, érudits ou très simplement éduqués, ces pratiques visent trois objectifs souvent intimement intriqués : rendre hommage, transformer celui qui les accomplit, agir sur le cours des événements. Elles relèvent tout à la fois de la dévotion, de l’expérience psycho-physique et de la magie. Leur étude éclaire la façon dont des convictions religieuses se partagent en des actes ritualisés engageant souvent la cohésion d’une communauté tout entière.

Nous nous y intéresserons ici pour leur permanence et leur récurrence dans l'ensemble du monde bouddhique, pour leur popularité et la visibilité de leur inscription matérielle très présente dans les pays concernés, pour leur caractère social fédérateur. Elles nous invitent enfin à écarter un clivage – souvent malencontreusement véhiculé – entre bouddhisme « populaire » et « bouddhisme savant ».

## Pratiquer le don

> *« Si des gens, dans des temples et pagodes devant les statues précieuses et les images ont par fleurs et encens, bannières et dais, d'un cœur respectueux ont fait leurs offrandes, s'ils ont amené les autres à faire de la musique [...] ou s'ils ont d'un cœur exultant célébré en hymne et cantiques les mérites de l'Éveillé, même par un seul petit son, ils ont tous désormais réalisé la voie d'Éveillé. »*
>
> *Le sūtra du Lotus*, chap. II.

Comme l'ont fait remarquer de nombreux ethnologues, historiens et linguistes, le don est une des activités humaines les plus complexes et les plus riches de sens. Il occupe une place signifiante dans les sources bouddhiques et donne lieu à des pratiques d'une extrême diversité, qu'elles revêtent un caractère festif et communautaire, personnel et intériorisé ou rituel et performatif. De la plus simple offrande de fleur au don total de soi, en passant par le don de la doctrine, il implique ses acteurs dans un ensemble de conséquences spécifiques qui affectent matériellement et spirituellement leur vie et celle de leur communauté.

Les *sūtra* anciens ne sont pas univoques au sujet de la place et du statut qu'il convient d'attribuer au don. Il en est de même pour les sources mahāyāniques qui abordent aussi ce thème de façon nuancée. Quelles que soient leurs différences toutefois, les textes reconnaissent le plus souvent le don comme la première des activités méritoires qu'un fidèle puisse pratiquer.

**À noter**

> Le don est en cela souvent placé avant l'éthique (*śīla*) et la culture de l'esprit (*bhāvanā*). Il est aussi la première des perfections (*pāramitā*) à laquelle s'exerce un *bodhisattva*.

De façon générale, la qualité d'un don est évaluée en fonction du don lui-même, de l'esprit dans lequel il est fait et du donateur auquel il est destiné.

## Différents types de dons

On distingue ainsi les dons matériels, le don du *dharma*, le don de sa vie. S'il est souvent considéré que le don matériel est l'apanage des laïcs et que le don de la Loi est celui des religieux, ces catégories se révèlent toutefois souvent plus souples au regard des pratiques que ce qui en est dit dans les textes.

Ainsi, tel qu'en attestent les plus anciennes traces archéologiques du bouddhisme, les dons matériels furent très tôt prodigués par les moines autant que les laïcs au bénéfice de *stūpa* ou de lieux sacrés.

Le don de la Loi, s'il fut principalement l'affaire des moines, put aussi être indirectement celle de laïcs choisissant d'offrir des manuscrits à une institution religieuse ou de financer des travaux de traduction, par exemple.

Quant au don de soi, assez peu valorisé dans les *sūtra* anciens, il fut davantage exalté dans les sources mahāyāniques où le *bodhisattva* pousse parfois l'exercice de sa compassion jusqu'au sacrifice de lui-même.

La qualité du don, nous l'avons dit, dépend aussi de son bénéficiaire. Offrir aux moines, aux monastères, à un *bodhisattva*, un *buddha* est donc d'autant plus méritoire que ces bénéficiaires constituent des champs pleinement purifiés par la sagesse. Les mérites attendus en retour du don n'en seront que plus certainement obtenus.

**À noter**

> On donne en effet communément et légitimement dans le bouddhisme pour recevoir un bienfait, une rétribution, pour acquérir des mérites (*puṇya*), les promesses d'une renaissance favorable et d'une progression vers *l'au-delà des souffrances.*

## Un don libre d'intention et de finalité

Il est toutefois des contextes où cet échange don/contre-don n'a plus de raison d'être. Nous avions vu que le *bodhisattva* progressant de terre en terre s'appliquait dans un premier temps à accumuler mérites et sagesse. Nous avions vu aussi que, parvenu à la septième terre, il comprenait l'inanité des discriminations et par là même celle du jeu des décisions. Pour le bénéficiaire encore égaré dans le *saṃsāra*, le don du *bodhisattva* s'exerce avec pertinence grâce aux moyens habiles et pourvoit chacun en fonction de ses besoins. Pour le *bodhisattva* désormais libéré de la pensée duelle ordinaire, le don s'exerce librement en conformité avec le réel, vide de nature propre. Les distinctions illusoires entre donateur et bénéficiaire se sont évanouies. Le don, pleinement émancipé de toute intention et de toute finalité, s'énonce alors librement, comme une efficience de la *prajñā*.

## Offrandes

Les offrandes, entendues comme des dons pieux dédiés aux moines, aux monastères, aux *buddha*, aux *bodhisattva*, aux maîtres et à tous les autres vénérés du bouddhisme, sont une des expressions les plus répandues de la pratique du don. Elles sont dans certains cas intimement associées à des pratiques méditatives ou à des visualisations développées dans un contexte initiatique.

L'offrande du *maṇḍala* de grains qui consiste à offrir à son maître toutes les richesses de l'univers et, par analogie symbolique sa personne toute entière, en est un exemple. Elle constitue un rituel préliminaire essentiel à certaines transmissions de pouvoirs pratiqués dans le bouddhisme tibétain.

## Des témoins de la foi

Modestes ou somptueuses, les offrandes sont souvent les témoins les plus spontanément repérables de la foi des fidèles. L'offrande matinale de nourriture accordée aux moines par les laïcs des pays d'Asie du Sud-Est en est un exemple spectaculaire. L'abondance des coupes emplies d'eau, de parfums, de céréales, etc., accumulées sur les autels tibétains en est un autre. Lumières, fleurs, encens, eau et nourriture, objets rituels, livres sacrés, argent, terres, troupeaux… tous ces biens sont offerts de façon privilégiée lors des grands moments du calendrier liturgique[22] et sont des moyens de rendre hommage, d'apporter un soutien matériel ou de s'investir dans une dynamique d'émancipation spirituelle.

## Pour quel bienfait ?

Quel que soit le contexte doctrinal, l'offrande d'un moine ou d'un laïc, faite avec foi, dans une disposition d'esprit purifiée et apaisée, au bénéfice d'un *buddha*, d'un maître, d'une institution religieuse, etc. appelle communément un mérite. Nombre de textes prémahāyāniques ou mahāyāniques font donc état des bienfaits qu'elle peut apporter : la beauté, la longévité, la bonne renommée, l'estime et le soutien des pairs… On peut également en attendre une protection contre toutes sortes de dangers (les maladies, les brigands, les inondations…) mais aussi l'espoir d'une vie prochaine moins douloureuse et, bien sûr, l'horizon du *nirvāṇa*.

L'attente d'un mérite explicitement formulé est parfois matérialisée par une inscription apposée sur le relief d'un *stūpa*, le corps

22. Celui-ci peut sensiblement varier en fonction des pays ou des communautés religieuses.

d'un objet rituel, le colophon d'un livre… Elle peut concerner des mérites attendus par celui qui fait l'offrande pour lui-même. Elle peut aussi concerner un de ses proches, une catégorie de personnes (ses coreligionnaires par exemple) ou, plus largement, tous les êtres sensibles.

### Le transfert des mérites

Cette possibilité de dédier à un tiers les mérites accumulés par un acte pieux est nommée « transfert des mérites ». Elle est une expression compassionnelle qui, déjà attestée avant l'émergence du Mahāyāna, a été amplifiée par la voie des *bodhisattva*. Elle a, de fait, instauré une sorte de cercle vertueux transformant la rétribution consécutive à un don en un nouveau don.

### Jeux de don et contre-don

L'échange d'offrandes faites par les laïcs en direction des monastères et leurs maîtres contre la protection spirituelle de ces derniers a considérablement marqué les sociétés où le bouddhisme s'est solidement implanté. Ceci dans les domaines économiques, politiques et culturels. On pourrait à ce sujet faire référence à la Chine des Tang (618-907), au Japon de la période Muromachi, mais l'exemple du Tibet est certainement plus explicite encore.

#### Don et contre-don au Tibet

Dès l'installation du bouddhisme au Tibet au VIII^e siècle, les chefs des lignées spirituelles, puis les abbés des monastères, reçurent des dons importants de la part des rois et des seigneurs locaux en échange de la proclamation du *dharma* et des rituels célébrés en leur faveur. Pourvus de terres à cultiver et de serfs qui leur étaient attachés, pourvus de troupeaux aussi, les monastères constituèrent des seigneuries autonomes parfois très prospères. Réserves de biens, lieux d'échanges financiers et commerciaux, ils furent les acteurs essentiels de la vie économique du Tibet.

Entretenir l'égalité du lien de donateur laïc/protecteur spirituel dans un jeu de don et de contre-don équilibré eut aussi des incidences importantes sur les équilibres politiques. L'enrichissement des monastères appelait en effet vers eux des interlocuteurs de plus en plus puissants, qu'ils soient tibétains ou étrangers. La puissante lignée des *Sakyapa* se trouva ainsi liée à la cour mongole de Gengis Khan dès le XIII^e siècle. Elle céda le pas à celle des *Gelugpa* qui fut conduite aux plus hautes responsabilités politiques lorsque le V^e *Dalaï-Lama* fut installé à la tête du pays en 1642.

---

Le poids des offrandes ne saurait être pleinement évoqué sans faire référence à l'essor culturel qu'elles suscitèrent un peu partout dans le monde bouddhique. Les dons en argent, en métaux et en pigment précieux, en papier, en ouvrages recopiés et traduits par les meilleurs érudits permirent aux monastères de devenir des lieux de productions intellectuelles de premier plan. Les monastères du Mont Tiantai sous les Tang, le Daitoku-ji de Kyōto dans le Japon des XVI^e et XVII^e siècles, le monastère de Drepung juste à côté de Lhasa furent, à des époques différentes, des complexes culturels de première importance.

Ils formaient non seulement à l'érudition religieuse mais à des disciplines artistiques variées. Dans le domaine des arts, ils initièrent ou perpétuèrent des usages stylistiques et iconographiques d'une très grande sophistication. Si certains (comme dans le monde himalayen) firent ainsi appel à des artisans de premier ordre pour travailler des métaux et des alliages précieux, tailler des pierres fines et réaliser des objets rituels de très grand prix, d'autres (comme dans certains milieux japonais) valorisèrent une esthétique d'une simplicité apparente mais subtilement codifiée. Utilisés en des occasions religieuses, historiques ou diplomatiques importantes, ces objets accroissaient d'autant le prestige spirituel et matériel des communautés qui les possédaient.

# Énoncer et réciter : un art bouddhique du langage ?

*« Dans les temples et les monastères*
*Que la lecture et la récitation se maintiennent et fleurissent ;*
*Que l'harmonie règne toujours dans la communauté*
*Et que son propos s'accomplisse. »*

*Bodhisattvacaryāvatāra*, X, 42.

Parce qu'intimement liée au souffle, parce qu'associée aux plus anciens scénarios cosmogoniques et à l'efficacité du sacrifice, la puissance vibratoire et sonore de la parole fut, nous l'avons dit, hautement valorisée en Inde dès la période védique. Son statut fut renforcé par d'abondantes spéculations faisant de la rectitude du langage rituel un garant de l'ordre cosmique et plaçant les sciences linguistiques (grammaire, étymologie, métrique…) au plus haut de la hiérarchie des savoirs. On ne saurait donc s'étonner que, sur un tel substrat culturel, la parole – et en premier lieu la récitation réitérée d'enseignements ou de formules – ait acquis une place privilégiée dans le bouddhisme dès les premiers siècles de son développement. Ceci constaté, il est aussi important de souligner une attitude très présente chez nombre de maîtres consistant à se méfier des écueils conceptuels du discours et des pratiques incantatoires.

On constate de fait la cohabitation de plusieurs usages spécifiques du langage dans le contexte bouddhique :

- des enseignements usant de ses ressources les plus subtiles pour porter leur raisonnement et leur efficacité spirituelle ;
- des usages rituels réitérant des récitations pour appuyer la pratique de l'offrande ;
- des transmissions de pouvoirs grâce à l'usage de formules défaites de toute ambition sémantique ou discursive ;

- des jeux de désarticulation des logiques communes du discours pour abandonner les habitudes cognitives usuelles et atteindre l'éveil.

**Les *kōan***

Certaines pratiques des maîtres *chan/zen* révèlent bien cet art multiple de la parole. C'est le cas notamment des *kōan* auxquels l'école *zen rinzai* accorde une grande importance comme moyen d'éveil. Les *kōan* sont des jeux de questions-réponses entre un maître et un disciple, des sentences surprenantes ou des historiettes souvent remarquées pour leur aspect déconcertant, voire humoristique. Les *kōan* sont utilisés par un maître dans le cadre de la formation d'un disciple. Ils sont tout à la fois des objets d'étude et d'exégèse qui mettent à l'épreuve les connaissances, l'érudition et l'intelligence spirituelle de ce dernier. Ils sont aussi des moyens puissants de questionnement censé conduire à l'éveil en usant d'un art subtil du langage qui désarticule les logiques et les implications cognitives usuelles. Ils invitent en dernière instance à une expérience, à une intuition profonde du réel hors de toute appréhension intellectuelle ou discursive.

« Quel bruit fait le claquement d'une seule main ? »

## Récitations

Dans les temples et les monastères, lors des pèlerinages, lors des hommages quotidiens ou des festivités solennelles, lors des cérémonies domestiques, des funérailles… l'usage le plus directement perceptible de la parole bouddhique est celui des récitations. Certaines d'entre elles sont dites dans le cadre d'initiations ou de cérémonies monastiques. C'est le cas par exemple de la récitation des règles monastiques (*pratimokṣa*), lors de la pleine et de la nouvelle lune, qui ne concerne que les moines d'une même communauté. D'autres sont au contraire partagées par les moines et les laïcs. Recelant plus d'efficacité si elles sont dites par une personne purifiée par l'ascèse ou le respect de règles de vie vertueuses, elles constituent donc, en bien des occasions, une occupation assurée par les moines au bénéfice des laïcs.

### *Paritta*

Un exemple familier pour les fidèles du Theravāda au Myanmar, en Thaïlande, au Cambodge et au Sri Lanka, est la récitation des *sūtra* protecteurs (*paritta*). Ces *sūtra* constituent une collection de vingt-quatre textes[23] du canon pāli réunis pour leur pouvoir de prévenir les dangers de tous ordres (les peines, les peurs, les maladies…) et d'apporter protections et bienfaits. Les recueils de *paritta* sont usuellement présents dans les maisons et chaque membre d'une famille peut spontanément décider de les réciter. Dans le cadre monastique, ils sont psalmodiés après les *sūtra* de prise de refuge en Buddha, *dharma* et *saṃgha* et le rappel des grands préceptes. Leur récitation est dans bien des cas l'objet de commandes de la part des laïcs auprès des moines dans le but de bénir une maison, un nouveau-né, ou des mariés ; afin d'obtenir une guérison ou d'honorer un défunt.

Les récitations des *paritta* sont plus ou moins longues en fonction des occasions qui peuvent être domestiques ou solennelles. Dans le cas de rituels domestiques, elles peuvent durer une ou quelques heures. Dans le cas de festivals religieux ou d'occasions sociales importantes, elles sollicitent plusieurs moines et peuvent durer plusieurs jours.

### Mantra et *dhāraṇī*

Il est souvent souligné combien l'usage des récitations s'est diversifié et amplifié avec les développements du Mahāyāna[24]. Outre la récitation des *sūtra*, ces pratiques, notamment initiatiques, ont fait une large place aux *mantra* et aux *dhāraṇī*.

- Les *mantra* sont des formules associées à un *buddha*, un *bodhisattva* ou à toute autre figure sacrée. Répétés à voix haute ou mentalement, ils servent à l'honorer ou à convoquer sa présence.

23. Le nombre peut toutefois légèrement varier en fonction des communautés.

24. On verra à ce sujet notamment : Michel Strickmann, *Mantra et mandarins*, Gallimard, 1996.

Ils facilitent lors de certains rituels l'identification d'un disciple à une figure tutélaire de son choix.

- Les *dhāraṇī* déjà rencontrées plus haut (cf. p. 97) ont elles aussi plusieurs fonctions. La première les investit d'un pouvoir lié à la mémoire. Elles ont la propriété de concentrer et de retenir l'ensemble des savoirs, l'ensemble des enseignements. La deuxième fonction, plus virulente, les associe à un pouvoir coercitif. Elles sont ainsi celles qui empêchent, contraignent, retiennent les racines du mal. Corollaire de ce pouvoir, leur troisième fonction est de protéger leurs détenteurs en les empêchant d'être ébranlés par les assauts de Māra, le seigneur de la mort et du désir.

Les usages d'une parole religieuse sans fonction discursive sont particulièrement présents dans les mouvements ésotériques du Mantrayāna au Tibet et du Shingon au Japon. Les formules utilisées lors de leurs rituels réunissent des groupes de sons réputés efficaces par leur capacité à concentrer le pouvoir des figures sacrées invoquées et à stimuler une activité psychophysique conduisant vers les accomplissements spirituels.

### La dévotion offerte au *buddha* Amida

Dans un tout autre contexte rituel et doctrinal, peu connu en Occident malgré ses amples développements en Chine, en Corée, au Japon et au Vietnam[25], la dévotion offerte au *buddha* Amida et l'espoir de rejoindre sa Terre pure ont exalté le pouvoir de la parole et la pratique des *mantra* d'une façon tout à fait singulière.

Amida est la forme sino-japonaise du nom sanskrit du *buddha* Amitābha ou Amitāyus (respectivement lumière infinie/vie infinie). Si Śākyamuni s'est attaché à enseigner dans l'univers des peines, Amida enseigne lui dans un univers heureux, une Terre pure, nommée Sukhāvatī « la Bienheureuse ». Il y prêche le *dharma* et accueille des fidèles qui, arrivés là, accèdent au bonheur de goûter

25. Les travaux de Jérôme Ducor ont récemment éclairé la tradition des Terres Pures grâce à deux ouvrages : *Honen, Le gué vers la Terre Pure,* Fayard, 2005 et *Shinran, un réformateur bouddhiste dans le Japon médiéval*, Infolio éditions, 2008.

l'expérience de la réalisation de l'éveil. Nous avions vu plus haut les différentes étapes de la carrière d'un *bodhisattva* décrites en dix terres. L'accès à la Sukhāvatī correspond pour le fidèle qui l'atteint à l'entrée dans la huitième terre : celui qui y parvient progresse désormais sans retour vers son accomplissement.

Au contraire des *bodhisattva*, les dévots d'Amida ne s'engagent pas sur le chemin des perfections mais pratiquent la récitation réitérée du nom d'Amida par la formule suivante : *« Révérence au buddha Amida[26] ! »*

C'est sur la foi de plusieurs *sūtra*[27] datés des IIe et IIIe siècles après J.-C. et conformément aux enseignements qu'en tirèrent des maîtres tels Shandao (613-681) en Chine, ou Honen (1133-1212) et Shinran (1173-1263) au Japon, que cette pratique acquit toute son autorité. Plusieurs courants[28] de la tradition des Terres Pures affirment que par la compassion d'Amida, celui qui récite son nom bénéficie de tous les mérites accumulés par Amida. Il fait par là même preuve de la foi dans le vœu compassionnel du *buddha*, s'imprègne de toutes ses qualités et en acquiert de grands mérites. Cette pratique acquit une popularité particulière au Japon dès le XIIe siècle dans le cadre de l'accompagnement des mourants. Ces derniers récitant avec foi le nom d'Amida étant assurés d'être accueillis dans la Sukhāvatī par le Buddha lui-même.

## Fidèles en chemin : pèlerinages bouddhiques

La disposition confiante mêlée de gratitude à l'égard du Buddha et de son enseignement s'est manifestée dès après sa disparition par la vénération des reliques ou des objets lui ayant appartenu. Ils

26. Elle est principalement connue sous la forme japonaise *namo Amida butsu* nommée *nembutsu*.

27. Notamment le *Sūtra* de vie infinie, le *Sūtra* des contemplations de Vie infinies et le *Sūtra* d'Amida.

28. Le Shandao en Chine, le Jōdo-shū et le Jōdo-shinshū au Japon.

furent magnifiés par l'édification de *stūpa*, par la visite des lieux où se déroulèrent les moments importants de son existence et par l'hommage rendu aux traces de sa présence (l'empreinte de ses pas par exemple).

Les reliefs ornant les balustrades ou les portes des *stūpa* de Bhārhut et de Sāñcī attestent de façon très vivante les usages des fidèles du IIe siècle avant J.-C. On les voit là se prosterner auprès de l'arbre de la *bodhi*, se presser en faisant le geste de l'*añjali* autour d'un *stūpa*, siffler pour manifester leur ferveur ou apporter des guirlandes de fleurs en offrande.

Qu'ils soient destinés au *stūpa*, à l'image du Buddha (apparue au début de l'ère chrétienne), aux images des multiples *buddha, bodhisattva*, maîtres et divinités d'élections développées avec le Mahāyāna, ces gestes simples – pratiqués par les moines et les laïcs – sont considérés comme d'autant plus méritoires qu'ils s'adressent à un support d'une grande autorité. Le désir d'être en contact avec un lieu saint, une relique ou une image particulièrement éminente suscita donc très tôt le développement de pèlerinages dont les édits d'Aśoka portent les plus anciens témoignages.

Les premières destinations de pèlerinages furent les lieux attachés aux huit grands événements de la vie du Buddha. Ils attirèrent longtemps à eux des pèlerins venus de l'ensemble des régions « bouddhisées » jusqu'à ce que les communautés monastiques indiennes du Magadha et de la moyenne vallée du Gange soient détruites par les musulmans à la fin du XIIe siècle.

La plupart des pèlerins attendaient du contact avec ces lieux l'espoir de *« mourir avec les pensées claires et sereines et, après leur mort, de renaître dans des destinations heureuses ou dans les mondes des dieux*[29] *»*. Comme en témoignent de nombreuses inscriptions, ils espéraient aussi des dons qu'ils y prodiguaient l'exaucement de vœux pour eux-mêmes ou pour un proche défunt. Les plus éminents de ces pèlerins, souvent mandatés dans leur pays d'ori-

29. *Mahāparinibbanasutta*, trad. Mohan Wijayaratna in *Le dernier voyage du Buddha*, Lis, 1998.

gine par le pouvoir royal ou leur communauté d'attache, pouvaient avoir d'autres objectifs encore :

- apporter en ces lieux des offrandes prestigieuses dont les bénéfices s'étendraient à leur pays et à leurs coreligionnaires ;
- faire construire et entretenir des espaces d'accueil et d'hébergement pour les fidèles ;
- collecter les enseignements « originels » en consultant, recopiant et traduisant les ouvrages conservés dans les universités bouddhiques et en recevant les enseignements de leurs maîtres les mieux qualifiés ;
- acquérir des reliques, des images ou des objets sacrés, qui assureraient, loin du Magadha, une sorte d'ubiquité du Buddha et du pouvoir de sa présence.

De fait, les reliques se multiplièrent et s'exportèrent hors de l'Inde pour constituer d'abord une géographie sacrée symboliquement rattachée à la terre originelle du Buddha. La multiplication des lieux saints du bouddhisme et la pratique des pèlerinages se développa ensuite sous d'autres modalités s'appropriant ici des usages prébouddhiques, s'attachant, ailleurs, à la présence d'un *bodhisattva* ou à la mémoire d'un maître renommé. Le pèlerinage chinois au mont Wutai, le pèlerinage japonais des quatre-vingt-huit temples de Shikoku et le pèlerinage tibétain du Jokhang en constituent des exemples d'une grande popularité dont les enjeux religieux et sociaux présentent des nuances particulières.

## Nouvelles terres saintes en Chine

Les montagnes furent vénérées en Chine depuis la plus haute antiquité. Témoins de la force et de la beauté de l'énergie cosmique et tellurique, elles furent le lieu de la quête d'immortalité des maîtres taoïstes, celui d'inspiration, d'émerveillement et d'accomplissement pour les lettrés confucéens, celui de la retraite pour les renonçants bouddhistes. Les « trois voies » de la pensée chinoise leur associèrent nombre de références mythiques, philosophiques et poétiques toutes étroitement intriquées.

### Le Wutaishan

La « Montagne aux cinq terrasses » est une chaîne de cinq pics située dans la province septentrionale du Shanxi. Elle fut d'abord un lieu de retraite taoïste avant d'être considérée par les bouddhistes comme le séjour du *bodhisattva* Mañjuśrī. Le Wutaishan fut visité dès les IVe-Ve siècles par de nombreux bouddhistes chinois auxquels se joignirent, à partir du XIIIe siècle, nombre de pèlerins principalement tibétains et mongols. Fervents dévots de Mañjuśrī, ils venaient honorer les nombreux temples et monastères du site, ses sources d'eaux sacrées, ses grottes, ses arbres et ses pierres mais aussi les apparitions miraculeuses de Mañjuśrī dans les nuages. Si le but du pèlerinage pouvait être l'accumulation des mérites pour une prochaine vie, l'expiation d'une faute ou l'obtention de la guérison pour soi-même ou pour un proche, les pèlerins mongols vinrent bientôt y enterrer les restes de leurs parents défunts, y faire paître leurs troupeaux dans les pâturages alentours, y faire des échanges commerciaux que ce carrefour religieux stimulait. Bienfaits spirituels et bienfaits matériels se renforçant mutuellement, le Wutaishan devint un lieu d'échanges diplomatiques et économiques extrêmement actif et prospère, notamment sous la dynastie mandchoue des Qing. Les tensions ne furent pas exclues de cette cohabitation cosmopolite d'usages, d'espoirs et d'ambitions. Le Wutaishan suscita la générosité des différents groupes de pèlerins et ses quelque 250 lieux sacrés ne cessèrent d'être enrichis, embellis, restaurés au long des siècles. Il est aujourd'hui le deuxième site bouddhique le plus riche et le plus actif après celui du Shaoling.

## Circuits au Japon

Certains des grands pèlerinages de l'archipel japonais furent aussi (et demeurent) l'occasion de vénérer les grands *bodhisattva*. Le circuit des trente-trois lieux saints des provinces de l'Ouest[30] est ainsi dédié à trente-trois formes de Kannon[31] dont la puissance

30. De l'île de Honshu.

31. La forme japonaise d'Avalokitesvara.

compassionnelle est volontiers sollicitée lors des difficultés de la vie quotidienne liées à la maladie d'un proche, la crainte de ne pas avoir d'enfants ou celle de soucis financiers.

Parmi les pèlerinages les plus populaires du Japon, celui des quatre-vingt-huit temples de Shikoku n'est toutefois pas dédié à un *bodhisattva* mais placé sous la tutelle bienveillante de Kūkai ou Kōbō Daishi, le patriarche du bouddhisme ésotérique japonais. Introduisant dans son pays des textes et des rituels auxquels il fut initié en Chine, au début du IXe siècle, il s'attacha à en systématiser les enseignements, fonda le courant tantrique du Shingon et établit le Kongōbu-ji, son monastère principal, sur le mont Kōya en 834. La tradition, qui salue volontiers le caractère charismatique de Kūkai, son érudition et ses talents poétiques et calligraphiques, le considère comme immortel. Les pèlerins du circuit des quatre-vingt-huit temples de Shikoku ont ainsi la conviction qu'il chemine auprès d'eux dans une telle intimité qu'ils se sentent toujours « à deux » et efficacement épaulés pour maintenir les efforts de leur marche durant quelque mille quatre-cents kilomètres.

### Une séquence rituelle réitérée dans chaque temple

Chaque temple du pèlerinage constitue une étape lors de laquelle est réitérée une séquence rituelle identique : le pèlerin s'incline en geste de salut avant de franchir la porte principale du temple. Il se purifie ensuite les mains et la bouche à l'eau d'une fontaine, sonne la cloche du temple, allume des petites bougies et offre des bâtonnets d'encens. Puis il dépose dans deux urnes différentes une offrande d'argent et une bandelette de papier nommée *osame-fuda* qui porte son nom, son adresse, la date de son passage, la formulation d'un vœu et, dans ce cas, l'image imprimée de Kūkai. Après avoir ainsi attesté de son passage, le pèlerin s'incline de nouveau et récite le *Sūtra du cœur* puis invoque la lumière purificatrice et protectrice du *buddha* Dainichi. Avant de quitter les lieux, il fait apposer le sceau du temple dans son carnet de pèlerinage et recueille des *ofuda* : des bandelettes de papier consacrées par le temple, porteuses d'une inscription votive et d'une image sainte. Les *ofuda* sont précieusement conservés ou offertes par les pèlerins en vertu de leurs pouvoirs protecteurs. En propageant les bénéfices liés à la formule ou à l'image qu'ils portent, ils rappellent toute la puissance talismanique de l'image dans le monde bouddhique.

## Soumission des divinités locales au Tibet

Bien moins long que le circuit des quatre-vingt-huit temples de Shikoku, mais sans doute plus difficile à cause de l'altitude et de la rudesse de l'environnement, le pèlerinage au temple du Jokhang à Lhasa compte parmi les plus méritoires du Tibet. Il constitue aussi un exemple particulièrement éloquent d'une interprétation bouddhique du territoire tibétain et d'une soumission de ses divinités premières.

L'installation du bouddhisme au Tibet à partir du VIIe siècle fut lente, controversée, prise dans le jeu des conquêtes territoriales et des alliances politiques. Songtsen Gampo, premier grand roi historique du Tibet, en fut l'un des principaux acteurs. Son œuvre militaire et politique s'est muée en une légende édifiante qui fit de lui non seulement une manifestation du *bodhisattva* Avalokiteśvara mais aussi le vainqueur d'une démone redoutable. Le corps de cette dernière, qui s'étendait allongé sur l'ensemble du royaume, faisait obstacle à la diffusion du *dharma*. Pour s'en libérer, Songtsen Gampo décida d'ériger douze temples là où le corps couché de la démone pouvait être neutralisé. Tels des dagues, ces temples furent donc bâtis au niveau de ses mains et de ses pieds, de ses chevilles et de ses poignets, de ses genoux et de ses coudes, de ses hanches et de ses épaules. Il resta enfin à soumettre le lieu où son cœur battait. C'est là, juste au centre du royaume, que fut construit le Jokhang. Il accueillit, après moult péripéties politiques, une statue d'un immense pouvoir spirituel – le Jowo – réputée représenter le Buddha à l'âge de douze ans et offert à Songtsen Gampo par l'une de ses épouses.

Depuis des siècles, se rendre à Lhasa pour honorer le Jowo, c'est se trouver dans le cœur le plus intensément spirituel du Tibet ; plus important encore sans doute que le Potala, séjour d'Avalokiteśvara et depuis le XVIIe siècle siège du pouvoir politique du *Dalaï-Lama*. Dans la fumée des genévriers, le scintillement des lampes à beurre et l'amoncellement des écharpes cérémonielles, le Jokhang accueille des pèlerins de toutes conditions, et d'une ferveur d'autant plus vibrante qu'elle s'exprime aujourd'hui dans un contexte politiquement menaçant.

PARTIE 3

# JEUX DE POUVOIRS, CLERGÉS BOUDDHIQUES ET SOCIÉTÉS ASIATIQUES

Par voies terrestres ou maritimes, sous des modalités souvent peu documentées pour les périodes les plus anciennes, le *dharma* s'est diffusé dans toutes l'Asie. En plus des régions des actuels Afghanistan et Pakistan que l'on associe à l'Inde ancienne, on distingue généralement quatre grandes aires culturelles pour appréhender cette diffusion. Ces dernières peuvent se chevaucher ou se recouvrir en fonction des réalités géopolitiques des différentes périodes de l'histoire :

- celle de l'Asie Centrale ;
- celle de la Chine, de la Corée et du Japon ;
- celle de l'Asie du Sud-Est ;
- et celle du monde himalayen auquel on adjoint souvent la Mongolie.

Leur présence et leur autorité devenues suffisamment signifiantes dans les différents empires ou royaumes où le *dharma* fut diffusé et implanté, les élites bouddhistes et leurs institutions monastiques furent amenées, en différents temps de l'histoire, à jouer un rôle important dans la structuration idéologique, sociale, politique ou économique de ces différentes régions d'Asie.

Qu'il s'impose, soit sollicité, attendu ou contesté, on devine aisément que le pouvoir du *saṃgha* fut diversement apprécié par ses partisans, ses concurrents et détracteurs. Ces derniers surent parfois lui opposer des coups violents, l'affaiblissant durablement ou l'amenant à adapter ses positionnements sociaux ou doctrinaux.

Révélant de façon exemplaire la diversité des modes d'inscription du bouddhisme dans les sociétés asiatiques et celle des positionnements du *saṃgha* dans le jeu des pouvoirs, quatre moments particulièrement signifiants pour l'histoire du bouddhisme dans quatre pays d'Asie ont ici été retenus :

- la grande proscription de 845 en Chine ;
- la prise de pouvoir du V^e^ *Dalaï-Lama* au Tibet en 1642 ;
- la réforme religieuse du roi Mongkut (r. 1851-1868) en Thaïlande ;
- l'avènement de l'ère Meiji en 1868 au Japon.

Nous permettant de parcourir l'espace et le temps, leur mise en perspective renseigne, nous allons le voir, sur bien des aspects de l'implantation du bouddhisme dans les pays concernés.

CHAPITRE 7

# LA GRANDE PROSCRIPTION CHINOISE DE 845

**Au programme**

- La portée d'un événement
- Une rupture dans un contexte culturel particulièrement ouvert et diversifié
- Appréhender la diversité des matériaux bouddhiques
- Différents courants du bouddhisme chinois
- Proximités et distances
- Des débats réitérés, une proscription de plus

De 842 à 845, sous la dynastie impériale des Tang[32], une répression religieuse secoue la Chine dans un contexte politique et économique tendu.

32. L'historiographie traditionnelle chinoise procède d'un découpage temporel en tranches dynastiques. Cette écriture de l'histoire donne volontiers la perception de cycles successifs avec leurs phases d'émergence, d'apogée et de déclin. Les faits ne sont cependant pas si linéaires. Il existe de longues périodes où la Chine est globalement unifiée sous l'autorité d'un pouvoir centralisé. Il existe aussi des périodes où la Chine se fragmente territorialement et où plusieurs dynasties cohabitent.

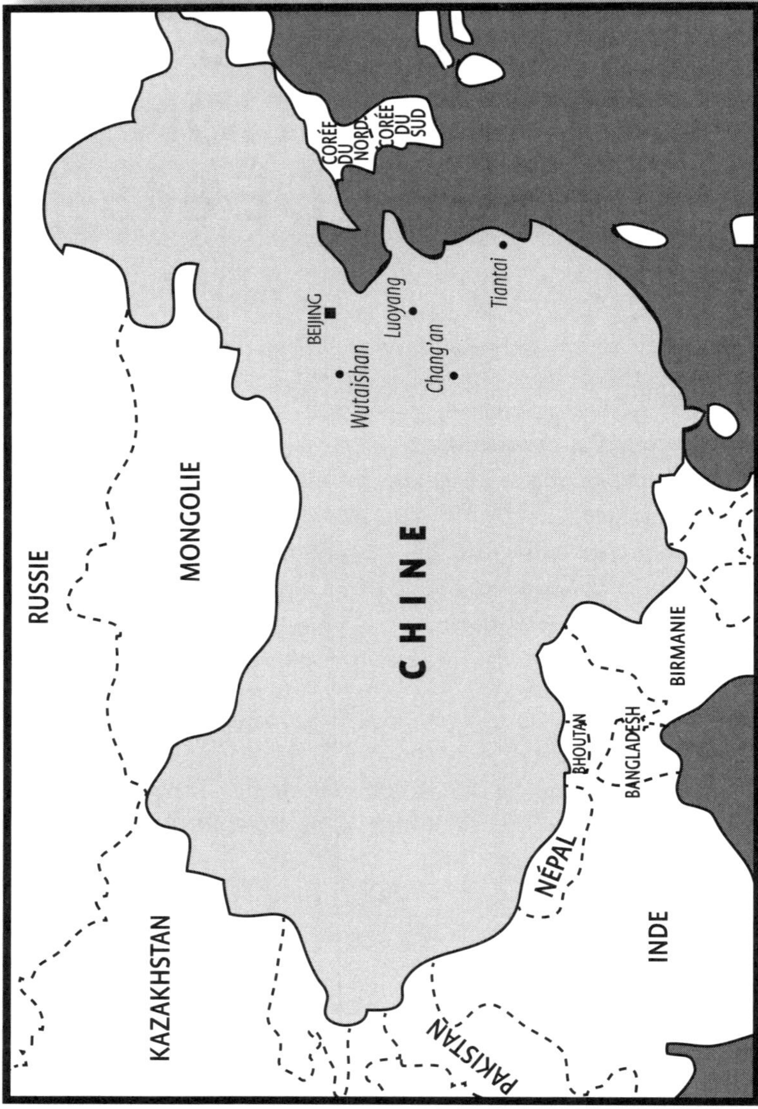
RUSSIE
MONGOLIE
KAZAKHSTAN
CHINE
CORÉE DU NORD
CORÉE DU SUD
BEIJING
Wutaishan
Luoyang
Chang'an
Tiantai
PAKISTAN
INDE
NÉPAL
BHOUTAN
BANGLADESH
BIRMANIE

## La portée d'un événement

*« Plus de 4 600 monastères et 40 000 lieux de culte ont été détruits et leurs biens confisqués. 26 500 moines et nonnes ont été contraints de revenir à la vie séculière et doivent désormais s'acquitter des taxes dues à l'Empire. Trente ou quarante millions d'unités de terre les plus fertiles sont de nouveau sujettes à l'impôt… »*

Ces comptes, livrés par un décret impérial publié en 845 après que les mesures décidées avaient été appliquées, donnent l'échelle des actions menées par l'empereur Wu Zong à l'encontre des institutions bouddhiques lors de la grande proscription qui eut lieu en Chine de 842 à 845 sous la dynastie des Tang.

Étendue aux religions arrivées d'Iran[33], cette proscription fut appliquée avec une grande rigueur à Chang'an mais s'avéra d'une moindre intensité dans les provinces éloignées de la capitale. Elle resta toutefois, par sa virulence, un événement mémorable dans l'histoire des religions en Chine.

Ses effets, longtemps décrits comme fatals pour le bouddhisme chinois, peuvent aujourd'hui être mesurés de façon moins péremptoire. Sans minimiser l'appauvrissement du *saṃgha* et la disparition de certaines écoles suscitée par cet événement, on note que le décret de Wuzong fut – dès 846 – amendé par son successeur en faveur de la reconstruction de nombreux monastères et du retour à la vie religieuse de leurs moines. Bien que les modalités de son influence se soient redessinées, la portée du bouddhisme, loin d'être anéantie, demeura tout à fait signifiante. Le nombre de ses monastères, sa portée spirituelle, intellectuelle et artistique fut considérable sous la dynastie des Song (960-1127). L'avènement des dynasties d'origine nomades des Yuan (1271-1368) et des Manchous (1644-1911) permit au bouddhisme chinois de s'enri-

33. Le zoroastrisme, le manichéisme et le nestorianisme.

chir de nouveaux liens avec plusieurs des grandes familles spirituelles tibétaines. Les expressions de la dévotion populaire, la ferveur des hommages adressés aux grands *bodhisattva* et le développement des pèlerinages attestent d'autres aspects de la vitalité du bouddhisme dans la culture chinoise après cette proscription.

Ainsi, plus encore que pour le choc qu'elle constitue, c'est pour sa façon de mettre en relief l'importance du bouddhisme à l'époque des Tang, de révéler la pérennité de problématiques liées à son installation en Chine et d'annoncer des mutations idéologiques profondes, que cet événement mérite un intérêt particulier.

## Une rupture dans un contexte culturel particulièrement ouvert et diversifié

Les décrets concernant la proscription de 842-845 s'imposèrent d'autant plus brutalement qu'ils contrastaient avec une dynamique culturelle depuis longtemps ouverte et diversifiée. Elle fut marquée dès la moitié du VII^e^ siècle par l'intensification des relations avec l'Inde, l'Iran et les petits royaumes des oasis de la Route de la soie.

Dans le domaine religieux, trois groupes d'influence se disputaient alors le soutien du pouvoir impérial :

- les confucéens ;
- les taoïstes ;
- et les bouddhistes.

Le confucianisme et le taoïsme s'étaient constitués bien des siècles avant l'arrivée du bouddhisme en Chine. Quelque sept cents ans furent nécessaires à l'Empire du milieu pour acculturer cette nouvelle religion. Ce processus commença à partir de la fin du II^e^ siècle dans un climat de constante émulation entre les « trois doctrines[34] ». C'est ainsi lentement – mais sûrement – que le

34. L'expression les « trois doctrines » désigne le confucianisme, le taoïsme et le bouddhisme.

bouddhisme fit la « conquête[35] » de la Chine. Ses apports furent nombreux et mirent en question bien des aspects d'une culture lettrée très consciente de son identité et de ses racines.

Le bouddhisme transmit d'abord à la Chine des images et des supports de dévotion jusqu'alors inconnus, porteurs de nouveaux espoirs de protection, de secours ou de bienfaits. Ils furent bientôt vénérés dans des sanctuaires et sollicités dans l'espoir d'une rétribution prochaine, d'une destinée plus heureuse où d'un accompagnement vers l'au-delà des souffrances.

Le bouddhisme apporta aussi un ensemble de rituels propitiatoires ou initiatiques ainsi que des pratiques concernant la maîtrise du souffle et de l'esprit. Leurs perfectionnements, réputés conduire vers l'émancipation spirituelle, conférer des facultés de divination et d'autres pouvoirs miraculeux, suscitèrent beaucoup d'intérêt.

Dans le domaine de la cosmologie, les théories du Mahāyāna avec leurs déploiements infinis de mondes dessinèrent des conceptions de l'espace et du temps radicalement différentes de celles qui avaient jusqu'alors été imaginées en Chine. La place des êtres vivants dans le flux ininterrompu des vies et des renaissances s'énonça dans ce contexte d'une façon tout à fait nouvelle également.

Aux interrogations portant sur la réalité des phénomènes, de l'individu, de la pensée, les doctrines bouddhiques offrirent des réponses diversement nuancées, distinctes de celles que les penseurs chinois avaient jusqu'alors élaborées.

À tout cela s'agrégea une architecture morale, des façons spécifiques de penser la légitimation du pouvoir et sa place dans l'ordre socio-cosmique. Quant aux structures sociales, le *saṃgha* constitua une nouveauté radicale pour la Chine où le monachisme ne s'était pas développé et où les principaux liens sociaux avaient été principalement pensés dans le cadre de la filiation.



35 Cette expression est issue d'un ouvrage de référence : E. Zürcher, *The Buddhist Conquest of China*, 1959.

## Appréhender la diversité des matériaux bouddhiques

Que toutes ces nouveautés suscitent curiosité, intérêt, méfiance ou hostilité, leur appréhension ne se fit pas sans difficulté. La première difficulté fut liée à l'hétérogénéité des enseignements, textes, images et rituels parvenus en Chine.

**À noter**

> La diffusion du bouddhisme ne fut planifiée par aucune autorité ou institution. Les savoirs et les pratiques des moines ou des laïcs bouddhistes étrangers arrivés là étaient fort disparates et ne furent tout d'abord pas transmis de façon articulée.

À la confusion suscitée par cette disparité, s'ajoutèrent des difficultés d'ordre conceptuel et linguistique. Les enseignements bouddhiques usaient de notions et de concepts sans équivalents dans la pensée et le lexique chinois et l'effort nécessaire à la définition de ces nouveaux concepts n'était en rien facilité par la mosaïque des nuances qui leur étaient apportées par les doctrines indiennes elles-mêmes.

Plusieurs réponses furent successivement proposées pour résoudre ces difficultés. L'une des premières, qui s'avéra vite insatisfaisante, fut de tenter de comprendre les concepts bouddhiques avec les outils intellectuels et spirituels du taoïsme. La proximité de certains aspects des deux religions y invitait mais elle ne permit à terme de ne satisfaire ni les bouddhistes, ni les taoïstes.

Les entreprises renouvelées de traduction furent plus fécondes. Dès le IIe siècle, fut établi à Luoyang un centre de traduction placé sous l'autorité de moines étrangers. An Shigao arrivé vers 148 dans la capitale des Han est l'un des plus importants d'entre eux.

Les IIIe-VIe siècles correspondent à une longue période de fragmentation territoriale et politique de la Chine ainsi qu'à la progressive montée en puissance des bouddhistes – moines et laïcs – et du nouveau poids de leur influence dans les cercles du pouvoir et les cénacles érudits. Kumārajīva est un des grands traducteurs de cette période intellectuellement très riche. Installé à Chang'an à partir de 402, il entreprit une œuvre considérable permettant l'accès à de nouveaux *sūtra* et aux grands textes du Mādhyamika.

### Xuangzang

Xuangzang (602-664), un autre grand traducteur, doit aussi être cité. Il fut, au début de la période tang, le plus célèbre des « moines pèlerins » partis en Inde pour vivifier le bouddhisme chinois au contact des sources sanskrites originales. Près de 600 textes furent rapportés de son voyage et permirent l'approfondissement des connaissances scripturaires portant notamment sur les doctrines du Yogācāra.

Plus encore peut-être que par ses travaux de traduction et d'étude, c'est par l'originalité de son travail à partir des sources indiennes que l'élite bouddhique chinoise s'est distinguée. L'assimilation du bouddhisme procéda d'un immense effort pour « tout » classer, interpréter, unifier. La réunion des matériaux bouddhiques donna lieu à des projets d'immenses synthèses globalisantes et à des méthodes renouvelées concernant le cheminement vers l'éveil.

L'époque des Tang (618-907)[36] marque un temps d'affirmation de ce processus. Il s'est en particulier traduit par la formation de courants réunis par de mêmes orientations exégétiques ou doctrinales, de mouvements dévotionnels ou de groupes motivés par des pratiques communes. Leurs positions théoriques respectives – bien plus souples qu'on ne l'a souvent affirmé sous l'influence des historiographes bouddhistes – ne se fixèrent que bien plus tard, sous les Song.

36. La perception commune de la période tang comme une période d'apogée avant le déclin du bouddhisme chinois est aujourd'hui mise en cause par une connaissance plus précise de l'histoire du bouddhisme en Chine lors des périodes ultérieures. On verra notamment à ce sujet : Peter N. Gregory and Daniel A. Getz, *Buddhism in the Sung*, Honolulu, University of Hawaï Press, 1999.

# Différents courants du bouddhisme chinois

## Le Tiantai

D'une fortune assez fluctuante sous les Tang, le Tiantai allait s'imposer comme un des courants majeurs du bouddhisme chinois. Fondée par Zhiyi (539-597), il porte le nom d'une montagne où ce dernier installa un monastère fameux qui attira à lui de très nombreux disciples bien avant l'avènement de la dynastie des Tang. Ses enseignements, éclairés par les vues du *Sūtra du lotus*, ont été structurés avec l'ambition d'unifier la diversité des théories bouddhiques en un système cohérent. Ils insistent sur deux grands points :

- le premier porte sur l'unité de l'univers essentiellement vide de nature propre dont tous les phénomènes sont la manifestation et le réceptacle de la « nature-de-buddha » *(tathāgatagarbha)* ;
- le second est l'accessibilité de l'éveil pour tous les êtres sensibles et la diversité des méthodes qui permettent d'y parvenir.

**À noter**

Nous avons ici choisi le terme large de « courant » car le Tiantai, le Chan, les Terres pures... ne relèvent pas exactement des mêmes catégories. Certains auteurs utilisent le mot « école » comme traduction approximative du mot chinois *zong* désignant tout à la fois une lignée ancestrale, un fondement doctrinal, une tradition exégétique, une famille spirituelle réunie par un enseignement...

## Le Huayan

Les enseignements développés à partir du Huayan (le *Sūtra de l'ornementation fleurie*[37]) ont été diffusés par le courant du même nom. Fashun, son premier patriarche, vécut de 557 à 640 mais c'est

37. En sanskrit : *Avatamsakasūtra*.

Fazang (643-712) qui fut reconnu comme l'un de ses plus grands théoriciens. Il s'attela lui aussi à de nouveaux travaux de synthèse qui partagèrent avec le Tiantai des constructions intellectuelles d'une très grande exigence et une vision synthétique de la diversité des doctrines. Les talents de Fazang firent bénéficier ses coreligionnaires d'un soutien très affirmé de la part de quatre souverains dont il fut l'un des conseillers spirituels. Le plus fervent d'entre eux fut l'impératrice Wu Zetian. Elle s'appuya sur les enseignements du Huayan et les conceptions de monarque universel pour assurer la légitimité d'un pouvoir que les structures confucéennes lui refusaient. Le Huayan, florissant sous les Song, se diffusa en Corée et au Japon.

## Les Terres pures

Animant des courants aux positions doctrinales ou aux pratiques sensiblement différentes, l'enseignement des Terres pures trouva lui aussi des prolongements importants en Corée, au Japon mais aussi au Vietnam. Véritablement structuré par Shandao (546-645) au début de l'époque Tang, il s'attacha à l'enseignement des *sūtra de la Sukhāvatī*, la terre pure d'Amitābha, comme voie principale de libération. Ses pratiques dévotionnelles tournées vers le pouvoir salvateur d'Amitābha (le *buddha* de lumière infinie) et la répétition du nom de ce dernier eurent un ample succès. Elles furent très largement adoptées, acclimatées à divers positionnements pratiques et doctrinaux, vivifiées par plusieurs grands maîtres chinois et sont demeurées populaires jusqu'à aujourd'hui.

## Le Chan

Le Chan revendiqua, lui, l'héritage de Bodhidharma – un patriarche indien peut-être légendaire. Parvenu au monastère de Shaolin, il serait resté là neuf ans en méditation avant de parvenir à l'éveil et de délivrer ses enseignements. L'histoire des débuts de ce courant et celle de ses ramifications est complexe. L'une d'elles, le Chan du Sud, acquit une notoriété importante sous les Tang grâce à Shenhui (vers 684-758 ?), désigné comme son septième patriarche, alors proche de la Cour. Au-delà de la Chine, sa postérité fut assurée au Japon par ses branches Linji et Caodong[38].

Si le Chan n'est pas d'emblée réputé pour son attachement à un texte emblématique, il véhicula lui aussi une tradition d'érudition appuyée sur l'étude de grands *sūtra* du Mahāyāna (notamment le *Sūtra de l'entrée à Lanka*, le *Sūtra du cœur*, le *Sūtra du diamant*[39]), sur les enseignements du Mādhyamika et surtout, ceux du Yogācāra. Contrairement aux autres écoles qui s'attachèrent à l'élaboration de vastes synthèses théoriques, le Chan réaffirma, au-delà des efforts conceptuels, l'objectif essentiel de réalisation de l'éveil.

Sous des modalités renouvelées il mit au cœur de ses expériences :

- les exercices spirituels (désignés en Chine sous le terme générique de *dhyāna*) ;
- le lien très fort unissant un maître et ses disciples et les méthodes permettant l'accompagnement de ces derniers vers l'émancipation spirituelle.

À l'instar de ce que pratiqua Linji, la pertinence d'un silence ou la confrontation avec une question apparemment énigmatique furent autant de moyens visant à sortir des habitudes cognitives ordinaires et à appréhender l'éveil dans une fulgurance totale et instantanée. D'un seul coup, révéler une intuition de la vacuité défaite de toute pensée duelle ou discriminante. Les développements du Chan sous les Tang se prolongèrent par-delà 845 au côté de l'école Tiantai. Ils eurent une place importante dans l'histoire religieuse, la culture et les arts de l'encre de la dynastie des Song (960-1279).

38. Ces deux branches sont connues au Japon sous les noms Rinzai et Sōtō.

39. En sanskrit : *Laṅkāvatārasūtra*, *hṣdayasūtra* et *Vajracchedikāsūtra*.

## Proximités et distances

Préparée par la longue période des Six Dynasties (220-581) – particulièrement riche en recherches et en échanges intellectuels – la période *tang* s'est caractérisée par une grande perméabilité de ses familles intellectuelles et spirituelles.

Les débats, les jeux d'influences étaient non seulement nombreux entre les différentes écoles bouddhiques mais également entre les « trois doctrines » qui s'influencèrent mutuellement tant par le jeu des affinités que celui des dissensions et des débats qu'elles suscitèrent. Ce bain culturel, cette imprégnation mutuelle ne fut pas sans oppositions. Les apports du bouddhisme ne cessèrent de susciter des questions quant à la pertinence de leur développement au sein de la société chinoise.

- Les idées, les usages bouddhiques étaient-ils pertinents ?
- Étaient-ils profitables à l'Empire ?
- Qui en bénéficiait ?
- Dans quelle mesure affectaient-ils les fondements des idéologies confucéennes et taoïstes ?
- Allaient-ils les enrichir ? Les corrompre ?
- Allaient-ils fragiliser leurs partisans influents ?

Les termes, l'intensité et les enjeux de ces débats sont accessibles dans des recueils réunissant, à l'adresse des empereurs, les questions polémiques opposant les « trois doctrines » et les réponses apportées par les différents détracteurs. On doit à Lu Cheng, un fonctionnaire du v^e^ siècle une première compilation de ce type dont seule la table des matières nous est parvenue. Une autre compilation fut publiée au début du VI^e^ siècle et une autre encore au VII^e^ siècle au début de la dynastie des Tang par Daoxuan[40].

40. On verra à ce propos les travaux de Sylvie Hureau : « Réseaux de bouddhistes des Six Dynasties : défense et propagation du bouddhisme », in *Bouddhisme et lettrés dans la Chine médiévale*, Peeters, Paris-Louvain, 2002 et *L'apparition de thèmes anticléricaux dans la polémique anti-bouddhique médiévale*, Extrême-Orient extrême-Occident 24, Paris, 2002.

**À noter**

> Ce qui est intéressant, par-delà la différence des contextes, c'est la pérennité de bien des arguments invoqués par les opposants au bouddhisme. La proscription de 842-845 ne fut pas la première des proscriptions portant atteinte à ses intérêts. Ni la dernière. En 446, puis en 577 des décrets de proscriptions furent déjà publiés à son encontre et avec eux, furent énoncés des arguments comparables à ceux invoqués dans les décrets de l'empereur Wu Zong.

## Des débats réitérés, une proscription de plus

Les critiques réitérées à l'encontre du bouddhisme portèrent sur des questions de doctrine mais, plus encore semble-t-il, sur l'impact social et surtout économique de ses monastères.

### Question de piété filiale

Les fondements de l'institution monastique furent très tôt mis en cause quant à la question de « la sortie de la famille ». Devenir moine, rompre les attaches familiales, décider de ne pas avoir d'enfant était, aux yeux des opposants confucéens notamment, enfreindre le devoir de piété filiale et le culte des ancêtres.

### Comment contrôler les monastères ?

Un autre argument avancé contre le monachisme fut la difficulté rencontrée par l'État pour contrôler l'authenticité de la motivation des moines, leurs connaissances et leurs mœurs. Cette question était d'autant plus délicate que les communautés avaient des statuts variés et que leurs enseignements et leurs règles disciplinaires étaient sujets à bien des variations. Cette hétérogénéité alimenta des accusations portant sur l'indiscipline des religieux, leur hypocrisie et leurs vagabondages.

## Xénophobie

Ces accusations furent très vite appuyées par une défiance visant plus globalement le bouddhisme en tant que religion étrangère donnant asile à des brigands et soutenant des positions subversives et contraires aux valeurs ancestrales.

On doit à l'éminent lettré confucéen Han Yu (768-824) un mémoire anti-bouddhique des plus virulents adressé à l'empereur Xiang Zong en 819. Le Buddha y fut décrit comme *« un barbare dont la langue n'était pas chinoise », « ne connaissant ni la juste relation entre prince et ministre, ni le juste sentiment entre père et fils »*. Si Han Yu n'eut pas alors l'écoute de l'empereur et fut même banni pour ses positions, il s'imposa comme le précurseur d'un renouveau confucéen trouvant dans les Classiques les éléments d'une éthique indispensable à l'équilibre de l'Empire. Pleinement épanouies sous les Song, les positions les plus ouvertement exclusives de ce renouveau continuèrent à fustiger le bouddhisme comme responsable de la dégradation morale et par là même de l'affaiblissement politique de l'État.

## Privilèges et libertés

La liste des critiques ne s'arrêta pas là. On fit très tôt le procès de l'indépendance des institutions bouddhiques, de leurs privilèges et de leurs richesses.

La démonstration la plus symbolique de l'indépendance des institutions bouddhiques était la dispense, pour les moines, de toute prosternation face à l'empereur. Elle posait par là même la séparation du *saṃgha* des normes sociales usuelles et l'autonomie de sa règle face au droit commun. Quant à leurs privilèges, les monastères et ceux qui y étaient attachés étaient exemptés d'impôts, soustraits aux devoirs civils et aux corvées. Quant à leurs richesses enfin, les biens possédés par le *saṃgha* ne cessèrent de s'étendre dès les débuts de l'installation du bouddhisme en Chine.

Les dons faits par de grandes familles, l'étendue des terres dont les monastères disposaient et sur lesquelles ils avaient fait prospérer des industries et ériger un patrimoine architectural prestigieux, les réserves de métaux constitués par les statues, les cloches et les objets de culte, l'apparat des décors des temples et des cérémonies festives, tout cela représentait des sommes colossales. Les monastères furent accusés de détourner les richesses de l'État au bénéfice d'une population non productive, pesant d'un poids d'autant plus lourd sur l'économie qu'elle ne cessait d'augmenter.

Il appartient à Jacques Gernet d'avoir révélé les aspects économiques du bouddhisme dans la société chinoise du Vᵉ au Xᵉ siècle[41]. Il y montre tout à la fois l'engagement de l'Empire dans la gestion de monastères d'État et sa difficulté à contenir l'extension de monastères appartenant à des familles aristocratiques ou à des communautés villageoises. L'accumulation de réserves monétaires et de métaux dans les monastères, l'augmentation des individus leur étant rattachés échappant au régime fiscal commun, l'étendue des domaines fonciers administrés par le *saṃgha*, les usages bancaires qui leur étaient familiers mirent en difficulté l'administration et les finances impériales. Aux débats idéologiques furent donc associées des problématiques économiques. Leur poids dans les mesures anti-bouddhiques de 845 puis, un siècle plus tard, de 955, fut déterminant. Il était là question de remédier aux besoins financiers de l'Empire.

Les confiscations imposées à la communauté monastique en 845 permirent au pouvoir impérial de s'approprier nombre de richesses et de mettre à profit cette nouvelle manne pour résoudre une partie des problèmes budgétaires installés de longue date. Ceci ne fut pas suffisant pour redresser une situation dégradée depuis la rébellion du général An Lushan qui mit l'Empire à feu et à sang et interrompit la continuité dynastique des Tang entre 755 et 763.

41. Jacques Gernet, *Les aspects économiques du bouddhisme dans la société chinoise du Vᵉ au Xᵉ siècle*, EFEO, Saigon, 1956. Cette étude bien qu'ancienne demeure aujourd'hui une référence essentielle sur la question.

## Après la grande proscription

La période qui succède à la grande proscription de 845 marque le début de l'effondrement des Tang. Elle inaugure aussi, par-delà le morcellement de l'Empire, une longue transition culturelle dessinant une nouvelle étape de l'histoire chinoise.

Dans le domaine religieux, l'une des véritables ruptures concernant le bouddhisme fut l'arrêt de ses relations avec l'Inde. Les frontières de la Chine furent redessinées sous la pression des Arabes, des Ouigours et des Tibétains ; les routes de commerce et de pèlerinage furent bientôt coupées. Aussi, malgré la diffusion de nombreux enseignements tantriques[42], le suivi des évolutions des grandes universités du Bihār et du Bengale ne fut pas assuré.

Plus largement, la nouvelle période qui s'ouvrait ne fut pas seulement remarquable pour son renouveau confucéen mais, sous d'autres modalités que celles qui prévalurent sous les Tang, pour les développements du taoïsme et du bouddhisme. La période Song vit le repositionnement des « trois doctrines » les unes par rapport aux autres et une nouvelle dynamique de stimulation mutuelle. Engagées dans des développements intellectuels, spirituels et artistiques des plus accomplis, elles se distinguèrent et se nourrirent de leurs réflexions respectives. L'inscription du bouddhisme dans l'univers intellectuel et spirituel chinois demeura bel et bien active. Les réflexions menées par les confucéens portant sur les questions du réel, de l'unité sous-jacente à l'ensemble des phénomènes, de la morale et de la sainteté s'énoncèrent, entre autres, toutes imprégnées de ses apports.



42. On verra à ce sujet Michel Strickmann, *Mantras et mandarins – Le bouddhisme tantrique en Chine*, NRF Gallimard, Paris, 1996.

CHAPITRE 8

# 1642 : UN MOINE BOUDDHISTE DIRIGE DÉSORMAIS LE TIBET

**Au programme**

- L'avènement du V$^{e}$ Dalaï-Lama à la tête du Tibet
- La maîtrise d'un échiquier politique complexe
- L'écriture d'une « mystique du pouvoir »
- Le Potala comme résidence gouvernementale
- Liturgies en l'honneur des divinités protectrices

Lobsang Gyamtso[43], V$^{e}$ *Dalaï-Lama* en titre, fut le premier *Dalaï-Lama* à diriger le Tibet. Le pouvoir politique et religieux qu'exerça cet homme au charisme d'exception marqua d'une empreinte déterminante l'histoire de son pays et le rayonnement de la culture du bouddhisme himalayen. Respectueusement désigné sous le titre de « Grand V$^{e}$ », il demeure une figure essentielle et toujours célébrée de l'histoire tibétaine.



43. Blo-bzang rgya-mtsho, Lobsang Gyamtso ou Lozang Gyatso ? La translittération Wylie de l'écriture tibétaine étant particulièrement complexe et difficile à prononcer, une transcription simplifiée a été ici adoptée.

Le Tibet du XVII^e^ siècle et les régions himalayennes
sous influence tibétaine

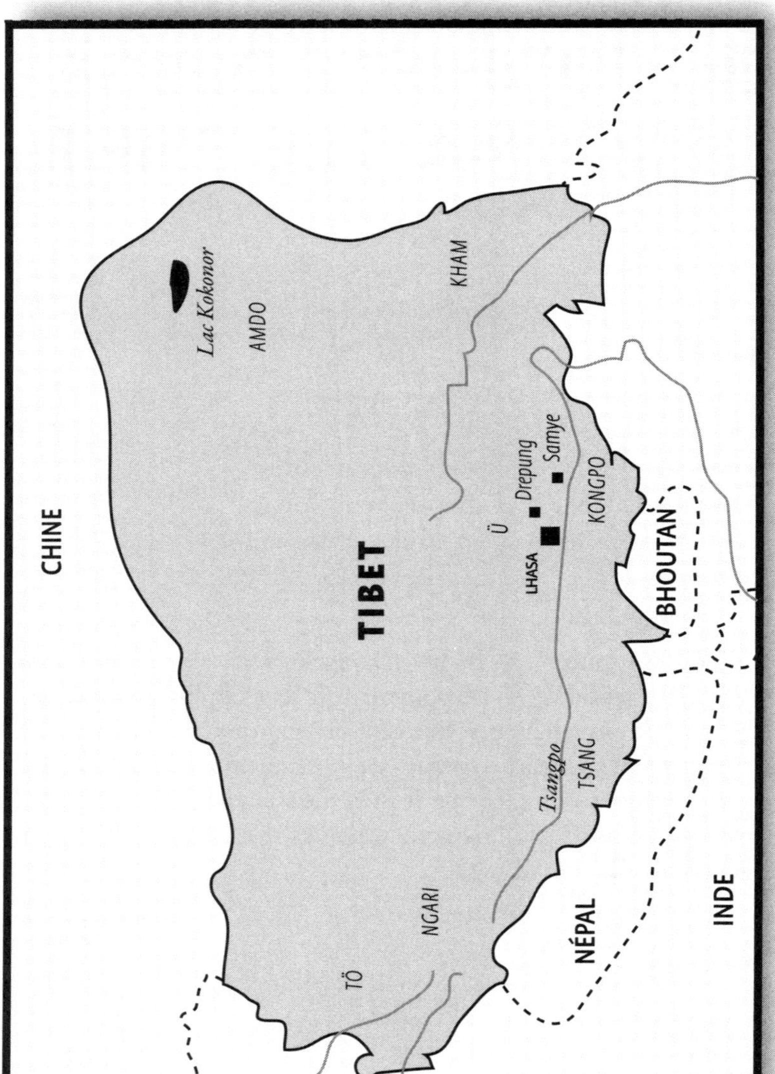

# L'avènement du V^e^ Dalaï-Lama à la tête du Tibet

**À noter**

> Le titre *Dalaï-Lama*, « *lama* (à la sagesse / à l'autorité) vaste comme l'océan », a été créé au XVI^e^ siècle par le chef mongol Altan Khan afin d'honorer son précepteur spirituel tibétain Seunam Gyamtso, supérieur du monastère *gelugpa* de Drepung. Attribué à titre posthume à ses deux prédécesseurs puis porté par ses successeurs, ce titre magnifia l'autorité spirituelle de cette lignée de réincarnations. Il ne fut donc pas originellement associé à une fonction politique.

Né en 1610 dans une puissante famille aristocratique du Yarlung, Lobsang Gyamtso fut reconnu à cinq ans comme cinquième représentant de la lignée des *Dalaï-Lama* et donc destiné – comme ses prédécesseurs – à assurer les fonctions d'abbé supérieur du monastère *gelugpa* de Drepung, près de Lhasa. Le Tibet central, où il grandit et fut formé, était divisé et en proie à des luttes de pouvoir incessantes depuis plus d'un siècle. C'est ainsi dans un contexte politique particulièrement tendu qu'eut lieu sa prise de pouvoir en 1642. Elle fut le fruit d'une habile alliance entre Gushri Khan, un chef nomade mongol de la tribu des Qoshot, et les religieux *gelugpa*.

Gushri Khan et son armée étaient installés depuis 1637 dans la région aride du lac Kokonor, et poursuivaient une série de conquêtes victorieuses dans les régions du Kham et du Tsang. Partisan et protecteur de la lignée spirituelle des *Gelugpa*, il honora le lien qui l'unissait à Lobsang Gyamtso, son précepteur spirituel, en lui faisant offrande des territoires qu'il venait de soumettre. Il se conforma ainsi au principe d'interdépendance « précepteur-donateur » (*chöyön*) si important au Tibet, scellant l'alliance entre un maître spirituel et un donateur séculier. Le premier garantissant l'assistance religieuse par l'enseignement spirituel et l'exécution de rituels propitiatoires, le second garantissant de son côté l'aide matérielle et la protection militaire.

L'autorité suprême de l'État se trouva ainsi pour la première fois de l'histoire du Tibet assumée par un religieux qui allait se révéler d'une habileté remarquable en termes de stratégie, d'administration et de diplomatie.

En quarante ans de souveraineté, le V^e^ *Dalaï-Lama* parvint à :

- réunir les principautés et les divers royaumes tibétains sous une même autorité centrale ;
- imposer la prééminence de la lignée spirituelle des *Gelugpa* et instituer la succession des *Dalaï-Lama* à la tête de l'État ;
- faire du Tibet un acteur essentiel dans les jeux diplomatiques en haute Asie.

## La maîtrise d'un échiquier politique complexe

Contrôler un territoire aussi vaste que le Tibet et y installer un pouvoir centralisé était un projet ambitieux tant l'échiquier des forces aristocratiques et religieuses était complexe et tendu. Il fallait compter tout d'abord avec une aristocratie de clans familiaux exploitant d'importants domaines fonciers. Certains d'entre eux étaient attachés aux croyances et aux pratiques du bön[44], la religion première du Tibet. La plupart toutefois, liés au bouddhisme, nourrissaient des alliances très fortes avec des monastères dirigés par de grandes lignées spirituelles.

44. Le bön peut, en fonction des époques et des sources, désigner plusieurs réalités religieuses différentes. Il est dans certains cas clairement distingué du bouddhisme, apparaît dans d'autres comme un mouvement syncrétique dans d'autres encore comme un aspect du bouddhisme tibétain. Nous l'entendons dans le cadre de ce chapitre comme un ensemble de croyances et pratiques revendiquées comme distinctes du bouddhisme.

## Plusieurs grandes lignées

Ces lignées[45] se distinguaient principalement les unes des autres par l'importance qu'elles accordaient à l'enseignement d'un maître fondateur, par les orientations de leurs cursus monastiques et par la spécificité de leurs transmissions initiatiques. Si leurs nuances doctrinales ne donnaient lieu qu'à de simples joutes discursives, leurs divisions sur la scène politique et la défense de leurs intérêts matériels étaient d'une toute autre âpreté.

### Les *Nyingmapa*

La plus ancienne de ces lignées était celle des *Nyingmapa*. Ses monastères, demeurés de taille modestes, exerçaient au XVIIe siècle une réelle autorité spirituelle mais demeurèrent peu impliqués dans le jeu politique.

La lignée des *Nyingmapa* se rattachait à l'enseignement de Padmasambhava. Considéré comme le deuxième Buddha par les Tibétains, il introduisit au VIIIe siècle les transmissions initiatiques de grands maîtres tantriques indiens, puis se chargea de conduire les premiers efforts de traduction des textes sanskrits en tibétain et de superviser l'édification de Samye (vers 774), le premier monastère bouddhique du Tibet.

C'est au XIe siècle, après une longue période obscure et politiquement confuse durant laquelle le bouddhisme fut pratiquement insignifiant, que le *dharma* fut revivifié. Trois nouvelles lignées – celle des *Kadampa*, des *Kagyüpa* et des *Sakyapa* – furent établies alors que l'influence du bouddhisme s'ancrait définitivement au Tibet.

### Les *Kadampa*

La lignée des *Kadampa* fut créée par Dromtönpa, un disciple de l'érudit indien Atīśa (980-1054). Après un parcours spirituel d'envergure dans les grandes universités bouddhiques du Magadha

45. Le terme lignée spirituelle est remplacé par certains auteurs par « école ».

notamment, ce dernier fut invité au Tibet de l'Ouest par le traducteur Rinchen Zangpo qui y avait entrepris l'édification de plusieurs temples et monastères et revivifié l'étude des textes anciens.

### Les *Kagyüpa*

La lignée des *Kagyüpa* fut également fondée dans la première moitié du XIe siècle grâce à un lien très fort avec les universités bouddhiques indiennes. Il revint au traducteur tibétain Marpa d'y séjourner et d'y recevoir les enseignements de maîtres et de yogis éminents, notamment ceux du *mahāsiddha* Naropa. De retour au Tibet, Marpa transmit ces enseignements au célèbre poète mystique Milarepa (1140-1123), reconnu comme le fondateur des *Kagyüpa*.

### Les *Sakyapa*

Les *Sakyapa*, comme les *Kadampa* et les *Kagyüpa*, reçurent en Inde de l'Est la transmission de leurs enseignements fondateurs. Il revint au traducteur Drokmi de les diffuser au Tibet. Ils y furent préservés avec une grande rigueur par des moines ou des yogis laïcs et mariés. Śākya Pandita (1182-1251) fut l'un des représentants les plus éminents de cette lignée et s'illustra par sa poésie, son érudition et un rôle politique sans précédent jusqu'alors.

### Les *Gelugpa*

Une dernière grande lignée, celle des *Gelugpa*, fut fondée au XVe siècle par Tsongkhapa (1357-1419). Un cursus monastique d'une richesse remarquable, des expériences visionnaires très présentes et la transmission de plusieurs initiations nourrirent son œuvre d'enseignant et d'érudit. Il rédigea plusieurs ouvrages majeurs portant sur les étapes de progression vers l'éveil, sur les différentes classes de *tantra*. Lui et ses plus proches disciples fondèrent trois monastères du Tibet central qui s'avérèrent historiquement très importants : Ganden, Drepung et Sera (respectivement fondés en 1409, 1416 et 1419).

Au XVIIe siècle, à l'aube de l'avènement du Ve *Dalaï-Lama*, ces lignées, souvent subdivisées en plusieurs branches, dirigeaient des monastères importants depuis plusieurs siècles. Par leur rayonnement spirituel, par les liens familiaux qu'ils entretenaient avec des seigneuries laïques, par la protection que leur offraient les rois de certaines provinces, ces monastères avaient fait fructifier de nombreuses richesses issues de leurs domaines fonciers. Par leur influence intellectuelle, ils étaient aussi devenus les principaux acteurs politiques du Tibet.

## Constituer un État stable et puissant

Dès le XIIIe siècle, les lignées s'étaient livrées – soit en leur nom, soit en celui de leurs alliés laïcs – à des luttes ouvertement violentes.

Ayant autorité sur l'ensemble de la population religieuse et laïque, le Ve *Dalaï-Lama* s'employa dès son intronisation à neutraliser ces luttes et décida pour cela de :

- restructurer le fonctionnement de l'État tibétain ;
- étendre et inscrire son autorité sur le territoire grâce des conquêtes continues ;
- mettre hors d'état de nuire les lignées spirituelles rivales ;
- conduire une diplomatie habile auprès des grandes puissances voisines.

La structure du gouvernement qu'il mit en place dès 1642 fut – à quelques aménagements près – celle qui prévalut jusqu'à l'exil du XIVe *Dalaï-Lama* en 1959. Le pouvoir fut dès lors régi par un principe fondamental d'union ou « d'ordre conjugué » des pouvoirs religieux et séculiers. À sa tête, le *Dalaï-Lama* cumulait une double autorité spirituelle et temporelle. Il était assisté pour les questions politiques et administratives par un régent – le *desi* – et par un gouvernement – le Ganden Phodrang – dont les fonctions étaient assumées par des fonctionnaires religieux et laïcs. Sélectionnés pour leurs compétences, les premiers, d'origine roturière pour la plupart, étaient principalement issus des monastères *gelugpa* ; les seconds étaient, eux, issus d'une aristocratie nobiliaire.

Deux organes principaux composaient ce gouvernement :

- le cabinet des ministres ;
- le cabinet des affaires religieuses.

Un lien permanent était assuré entre ces organes et le *Dalaï-Lama* par le Premier ministre.

Des organes secondaires assuraient quant à eux l'administration des affaires fiscales, juridiques, protocolaires, rituelles, etc.

Le caractère éminemment centralisé de ce fonctionnement devait être relayé par une administration territoriale dont l'efficacité ne pouvait être effective sans contrôle de l'ordre dans les différentes provinces. Gushri Khan et ses hommes s'employèrent pour cela à neutraliser les dissidences régionales. La présence des *Gelugpa* fut par ailleurs renforcée sur l'ensemble du territoire par la fondation de nombreux nouveaux monastères. De façon très « énergique », les lignées hostiles au pouvoir ou jugées dangereuses par leurs alliances avec des royaumes locaux furent par ailleurs mises hors d'état de nuire. Ainsi, les *Jonangpa*, liés au roi du Tsang virent leurs monastères fermés et leurs biens confisqués. Les *Bönpo*, alliés du roi de Beri au Kham, furent tenus de devenir *Gelugpa*. Les très puissants *Kagyüpa*, privés de leurs monastères et de leurs biens au Tibet central, durent se replier vers le sud, au Kompo et au Bhoutan.

Le gouvernement du V^e^ *Dalaï-Lama* ne s'en tint pas au contrôle des dissidences intérieures. Il assuma des ambitions expansionnistes sur ses frontières himalayennes et une habile diplomatie envers les puissances mongoles et la dynastie Manchoue des Qing nouvellement installée à la tête de la Chine. Le Tibet joua dans ce contexte un rôle de médiateur et permit le maintien d'une certaine stabilité politique dans la région.

# L'écriture d'une « mystique du pouvoir »

Si les démonstrations d'autorité et les exercices diplomatiques sont, par-delà la singularité des contextes historiques, communs à bien des souverains, c'est dans l'écriture d'une « mystique du pouvoir » que la profonde originalité du V^e^ *Dalaï-Lama* est sans doute le mieux perceptible.

Lobsang Gyamtso fut formé à une école réputée rigoureuse dans le domaine du respect de la discipline monastique, mais également dans celui de la formation intellectuelle et spirituelle. Offrant une connaissance approfondie des différentes doctrines du Mādhyamaka, le cursus *gelugpa* défendait les vues portées par Candrakīrti grâce à l'appui des commentaires qu'en livra Tsongkhapa. Le *Lamrim*, les *Étapes de la Voie*, introduit par Atīśa au XI^e^ siècle, constituait quant à lui la méthode de progression vers l'éveil la plus en faveur auprès de ses maîtres.

## Une ouverture aux enseignements *nyingmapa*

Les transmissions initiatiques tantriques n'étant traditionnellement accessibles chez les *Gelugpa* qu'à la condition d'une maîtrise préalable de ces disciplines intellectuelles et spirituelles, Lobsang Gyamtso fit preuve d'une véritable indépendance en décidant, dès ses vingt-six ans, d'enrichir sa formation par des enseignements d'une autre lignée que la sienne, celle des *Nyingmapa*. Cette décision fut prise à la suite de sa rencontre avec Konchog Lhundrup, un maître charismatique *nyingmapa*, qui l'initia à des pratiques tantriques que les *Gelugpa* ne reconnaissaient pas.

L'attachement du V^e^ *Dalaï-Lama* aux *Nyingmapa* se traduisit ouvertement par le port à sa ceinture d'une courte dague rituelle qui était leur emblème et par son soutien aux monastères de Mindröling, de Nechung et de Dzogchen. Il entretint par ailleurs un lien spirituel très fort jusqu'à la fin de ses jours avec Terlag Limgpa (1646-1714), un des plus éminents mystiques tibétains, découvreur de textes sacrés.

L'intérêt du Ve *Dalaï-Lama* pour les transmissions tantriques des *Nyingmapa* s'accordait à son mysticisme, à son intérêt pour la création liturgique et pour les rituels magiques. Cet aspect de sa personnalité, considéré avec distance par les membres rigoristes de son entourage, allait jouer un rôle essentiel dans son œuvre politique.

## Des visions mystiques

De l'âge de six ans à la fin de sa vie, Lobsang Gyamtso fit l'expérience de visions lors desquelles se manifestaient à lui des aspects variés d'Avalokiteśvara, de divinités protectrices, de maîtres spirituels, de personnages historiques… Elles eurent à ses yeux un caractère inspiratif ou prophétique, accompagnèrent des grands moments de sa vie mystique, l'aidèrent à prendre des décisions politiques, l'apaisèrent dans des moments de tension ou d'incertitude. Ainsi par exemple, lors d'une liturgie réalisée au palais de Ganden à Drepung en 1641, la vision *« d'une grande tête humaine d'apparence macabre ouvrant la bouche d'où tombaient des têtes comme des grains de blé déversés d'un sac »* fut entendue comme le signe de la victoire prochaine de Gushri Khan sur le roi de Tsang[46].

Ces visions furent consignées dans une biographie secrète qui éclaire non seulement de nombreux aspects de l'œuvre du Ve *Dalaï-Lama,* mais aussi son intelligence « arborescente » corrélant l'exercice du pouvoir et la vie mystique, superposant plusieurs niveaux de réalités historiques et mythologiques, articulant plusieurs types d'efficacités rituelles ou politiques. La cohérence de ce tissage est concrètement perceptible dans la construction de référents fédérateurs qui se sont avérés pérennes dans l'histoire du Tibet. Le sens donné au choix de son installation à Lhasa fut l'un d'entre eux.



46. Samten Karmay, *Le Manuscrit d'or, Visions secrètes du Ve Dalaï Lama*, Findakly, 1998, p. 45.

# Le Potala comme résidence gouvernementale

La résidence habituelle du *Dalaï-Lama* à Drepung s'avéra vite insatisfaisante pour accueillir un gouvernement et exalter une fonction placée au-delà de celles que Lobsang Gyamtso avait assumées en tant que supérieur de son monastère. Il fallait par ailleurs assurer la sécurité liée à sa personne, à son entourage ainsi que le protocole et la logistique afférents.

Le choix de la colline de Marpori à Lhasa sur laquelle fut construite – de 1645 à 1649 – la forteresse du Potala (siège du gouvernement et résidence du *Dalaï-Lama*) donna d'abord lieu à toutes sortes d'hésitations d'ordres géographique, sécuritaire, architectural… Ce choix, pesé avec prudence, devint à ses yeux particulièrement signifiant. Il le rattacha ainsi ouvertement au premier grand roi historique du Tibet Songtsen Gampo.

### Songtsen Gampo

Songtsen Gampo (r. 620-649) avait établi une résidence sur cette colline, assumé une ambition impériale en réunissant les seigneuries tibétaines sous une même bannière et poussé ses conquêtes du Tibet central au bassin du Tarim. Outre un charisme de guerrier remarquable, la tradition tibétaine attribua à Songtsen Gampo l'introduction du *dharma* et de l'usage de l'écriture au Tibet. L'exaltation de sa personnalité en fit même, à partir du XIe siècle semble-t-il, une émanation d'Avalokiteśvara.

En établissant un lien avec Songtsen Gampo par la construction de la résidence gouvernementale à Lhasa, Lobsang Gyamtso inscrivait symboliquement la lignée spirituelle des *Dalaï-Lama* dans la lignée historique des rois de la période impériale (VIIe-IXe siècles). À l'exaltation de cette filiation politique s'adjoint également celle d'une filiation spirituelle, elle aussi hautement signifiante. On sait combien le culte des montagnes est attaché au Tibet à des divinités locales extrêmement puissantes. Bientôt « bouddhisée », la colline de Marpori fut aussi considérée comme le Potala, le séjour d'Avalokiteśvara. Prenant place au cœur de ce séjour, le Ve *Dalaï-Lama* manifesta pleinement son statut d'émanation du *bodhisattva* de la compassion, protecteur du Tibet.

Au centre d'une géographie éminemment sacrée par la proximité du Jokhang, celle des monastères de Samye, Ganden, Drepung et Sera, le Potala irradia désormais de son pouvoir sur le Tibet tout entier. En célébrant ou faisant célébrer dans ses chapelles des rituels destinés à établir un lien constant avec des puissances sacrées, le Ve *Dalaï-Lama* veilla constamment à attirer à lui la protection et le soutien de ces dernières.

## Liturgies en l'honneur des divinités protectrices

L'attachement de Lobsang Gyamtso pour les grandes figures protectrices l'amena à composer quelque deux cents liturgies qu'il fit célébrer en des occasions solennelles ou privées. Ses préférences dans ce domaine démontrèrent une fois encore l'intimité de ses perceptions mystiques et politiques. L'intelligence avec laquelle il les fit valoir révéla son souhait de transcender les particularismes des lignées au bénéfice d'une synthèse extrêmement sophistiquée et cohérente, unifiant des référents culturels et spirituels fédérateurs.

Dorje Dragden, Mahākāla, Begtse, Palden Lhamo et certains aspects terribles de Padmasambhava comptent parmi les figures protectrices les plus fréquemment présentes dans les visions du Ve *Dalaï-Lama*. Corpulentes et courroucées, parées d'atours guerriers et macabres, auréolées d'un halo de flammes, elles ont toutes en commun des aspects particulièrement redoutables, capables de protéger le *dharma*, d'éloigner les situations dangereuses et les esprits néfastes.

## Palden Lhamo

Il revint à Palden Lhamo d'occuper une place tout à fait particulière dans la vie de Lobsang Gyamtso. Cette déesse apparut de nombreuses fois dans ses visions sous un aspect terrible. Protectrice du *dharma*, protectrice personnelle du *Dalaï-Lama* et du Potala, sa personnalité agrégea des éléments de légendes tibétaines prébouddhiques et de mythologies indiennes relatives à des divinités ogresses ou guerrières hindoues[47]. Toutes ces strates culturelles furent amalgamées et totalement réinterprétées au bénéfice de conceptions pleinement bouddhiques et de cultes dont les premières expressions connues remontent au XIe siècle. Au XVIIe siècle, les rituels consacrés à Palden Lhamo donnèrent lieu à des représentations picturales très ambitieuses par leur qualité et la complexité de leur iconographie. Ils stimulèrent aussi la création d'objets rituels particulièrement luxueux garantissant leur efficacité tant par leur fonction que par la charge des intentions dont ils furent investis.

La détermination politique du Ve *Dalaï-Lama*, son apport à l'érudition et à la littérature de son temps, l'intimité du lien spirituel qu'il entretint toute sa vie avec des divinités au pouvoir si intense par la célébration de rituels mais aussi par des sessions divinatoires auprès l'oracle de Nechung (dont les prophéties étaient toujours entendues avant les prises de décisions les plus importantes concernant l'État) firent de lui le « Grand Ve ».

## Des parallèles entre les Ve et XIVe *Dalaï-Lama* ?

L'intelligence du parcours du « Grand Ve » fut célébrée par bien des personnalités spirituelles de l'histoire ultérieure du Tibet. Le recul n'est peut-être pas suffisant encore, mais nombreux sont les observateurs qui, aux vues de l'intelligence politique et spirituelle du XIVe *Dalaï-Lama*, de sa connaissance et sa révérence pour l'œuvre du « Grand Ve », n'hésitent pas aujourd'hui à établir de nombreux parallèles entre les deux hommes.



47. Amy Heller, « Les Nathang et les divinités protectrices : quelques observations sur leur signification historique et leur développement esthétique » in *Rituels tibétains, Visions secrètes du Ve Dalaï-Lama*, RMN, 2002.

CHAPITRE 9

# LA RÉFORME DE MONGKUT, ROI DU SIAM (1851-1868)

**Au programme**

- L'ambition d'un moine devenu roi
- Une mosaïque ethnique, culturelle et religieuse
- Tradition cinghalaise et légitimation du pouvoir royal
- Une congrégation au service de la structuration d'un royaume moderne

Le roi Rāma IV, qui régna sur le Siam de 1851 à 1868, est resté célèbre pour plusieurs raisons. La plus anecdotique, mais non la moins populaire en Occident, est qu'il fut le héros du roman de Margaret Landon *Anna and the King of Siam* qui donna lieu à plusieurs adaptations cinématographiques.

Plus sérieusement, Rāma IV, mieux connu sous le nom de Mongkut, permit au Siam de conserver son indépendance grâce à d'habiles tractations avec les puissances européennes et à une ouverture résolue à la modernité. Outre un ensemble de dispositions diplomatiques et commerciales, Mongkut assuma un positionnement religieux très affirmé qui fut relayé par son fils et successeur Chulalongkorn (Rāma V). Tous deux mirent en œuvre un ensemble de mesures visant à assurer l'authenticité et la qualité des engagements monastiques et à impliquer le *saṃgha* thaï dans un processus de réformes et de modernisation du royaume. Elles portèrent sur la rénovation des rituels d'ordination, sur de nouveaux positionnements doctrinaux, sur la structuration administrative du *saṃgha* et sur le système éducatif associé. C'est dans un contexte politique dominé par la présence des puissances coloniales européennes que cette réforme eut en Thaïlande – et au Cambodge[48] – des effets déterminants. Leur portée se prolongera durant une longue partie du XXe siècle.

## L'ambition d'un moine devenu roi

Avant d'accéder au trône à la mort de son demi-frère en 1851, Mongkut fut moine pendant vingt-sept ans. Cette période monastique fut pour lui le temps d'une formation intellectuelle très nourrie dont il souhaita souvent afficher les orientations rationalistes. Cette formation lui permit en premier lieu d'acquérir une connaissance précise de sa religion et du paysage monastique du royaume qu'il allait diriger. Elle lui permit aussi d'étudier de façon approfondie les textes pālis d'obédience *theravādin*, d'apprendre le sanskrit, le latin et l'anglais ; de forger enfin son intérêt pour les sciences et plusieurs aspects de la civilisation occidentale.

En 1829, bien avant d'accéder au trône, Mongkut initia ce qui allait plus tard s'imposer comme une véritable réforme religieuse en assurant la fondation d'un nouveau *nikāya* nommé Dhammayutika[49], « ceux qui adhèrent au *dharma* ». Cette initiative, soutenue par de jeunes aristocrates et des intellectuels de Bangkok, avait pour origine une réelle insatisfaction quant à la réalité religieuse observée dans les monastères. Elle s'imposa de fait comme une émanation religieuse du pouvoir de la famille royale, bientôt mise au

48. Cf. François Bizot, *Le figuier à cinq branches, recherche sur le Bouddhisme khmer*, EFEO, 1976, introduction p. 1 à 44.

49. On trouvera aussi la transcription Thammayut pour Dhammayutika.

service des visées politiques et administratives de Mongkut, puis de son successeur.

Ses premiers objectifs furent les suivants :

- réformer les rituels d'ordination pour leur assurer une validité jugée conforme au *vinaya* pāli *theravādin* du Sri Lanka ;
- appuyer l'étude du *dharma* sur la tradition cinghalaise ;
- ajuster certaines données doctrinales aux connaissances scientifiques et à une nouvelle forme de morale sociale ;
- ouvrir « l'exégèse bouddhique aux courants de pensée de l'Occident[50] ».

On le constate, ces objectifs s'inscrivaient entre deux pôles :

- ouvrir d'une part les questions religieuses à la modernité ;
- renforcer d'autre part le lien avec la tradition pālie du Sri Lanka.

## Le prestige du Mahāvihāra

Mongkut n'était pas le premier à faire valoir cet héritage cinghalais. Que ceci relève ou non en partie d'une fiction historique, plusieurs royaumes d'Asie du Sud-Est tinrent le Sri Lanka – et notamment le Mahāvihāra (le Grand monastère) d'Anurādhapura – pour le conservatoire des enseignements bouddhiques les plus authentiques et le garant de la pureté de l'ordination monastique. Cela, sur la foi des chroniques cinghalaises selon lesquelles le Mahāvihāra aurait été fondé dès le IIIe siècle avant J.-C. lorsque Mahinda – fils ou frère d'Aśoka – transmit les premiers enseignements bouddhiques au Sri Lanka.

Le prestige du Mahāvihāra se renforça lorsque le *Tripiṭaka* y fut couché par écrit peu de temps avant l'ère chrétienne puis, lorsqu'au Ve siècle, l'érudit indien Buddhaghoṣa vint y étudier et y rédiger plusieurs ouvrages. Après plusieurs années de travail, ce dernier fixa en pāli les commentaires « définitifs » du *Tripiṭaka*. Il détrui-



50. François Bizot, *Le bouddhisme des Thaïs*, Édition des Cahiers de France, 1993, p. 22.

sit ensuite les écrits cinghalais préexistants, imposant de fait son œuvre comme un repère normatif *theravādin* essentiel.

Si le Theravāda n'était vraisemblablement pas encore constitué lors de la fondation du Mahāvihāra, il y était pleinement installé au v^e siècle lorsque Buddhaghoṣa y étudia. Il s'imposa avec force au XII^e siècle, quand le roi cinghalais Vijayabāhu écarta toutes les autres communautés à son bénéfice exclusif. Les expressions mahāyāniques et tantriques qui avaient été introduites de longue date au Sri Lanka furent condamnées par son successeur Parakkamabāhu et toutes les communautés monastiques durent se ranger, par la volonté royale, aux usages et aux enseignements *theravādin* du Mahāvihāra. Une « orthodoxie d'État » fut établie et il fut ainsi décrété : un royaume, un roi, une communauté religieuse et une lignée d'ordination pour garantir sa rectitude monastique.

Quelle qu'ait pu être la distance entre le bouddhisme du Mahāvihāra du III^e siècle avant J.-C. et celui pratiqué là-bas au XII^e siècle, sa lignée d'ordination fut ainsi imposée comme une référence « intangible ».

Le positionnement du roi Parakkamabāhu eut une influence importante sur les choix religieux de plusieurs monarques de la péninsule indochinoise et notamment ceux du Siam. À l'instar de cet exemple cinghalais, ils désignèrent le bouddhisme *theravādin* comme *le* bouddhisme de leur royaume et affirmèrent avec lui une certaine conception de la royauté bouddhique.

Leur volonté de « purifier » le *saṃgha* en réactivant le lien au Mahāvihāra, de favoriser aussi l'unité du Siam, ne fut toutefois pas assumée sans ambivalence, ni même sans le maintien volontaire d'autres expressions religieuses. Pour éclairer ces phénomènes et comprendre l'ambition de Mongkut, un bref panorama des spécificités ethniques, culturelles et religieuses de la Thaïlande doit ici être brossé.

## Une mosaïque ethnique, culturelle et religieuse

Une des caractéristiques de ce que nous nommons aujourd'hui la Thaïlande est sa mosaïque ethnoculturelle et les jeux de pouvoir auxquels se livrèrent ses principaux acteurs : les Môns, les Khmers et les Thaïs.

Au cours d'une histoire que l'on peut difficilement suivre avant le VIe siècle, ces populations fondèrent des royaumes indianisés plus ou moins pérennes et puissants qui sont entrés en compétition et se sont mutuellement influencés à l'occasion de conflits, de conquêtes et d'échanges commerciaux. C'est sur un substrat de croyances et de pratiques locales (attachées aux esprits du territoire et des ancêtres) que ces royaumes adoptèrent plusieurs éléments de la civilisation indienne dont, notamment, certains aspects de l'hindouisme et du bouddhisme.

Attestées à partir du VIe siècle, ces religions furent sans doute diffusées par des marchands puis des religieux érudits. Elles constituèrent deux composantes essentielles d'une histoire marquée par :

- l'interaction d'expressions religieuses distinctes ;
- le choix de monarques faisant valoir leurs préférences confessionnelles et tentant, avec plus ou moins de succès, de les imposer[51] ;
- la légitimation du pouvoir royal par une idéologie religieuse adaptant localement de nombreux éléments venus de l'Inde.



51. Par-delà les témoignages officiels de ces préférences, livrés par l'épigraphie ou l'archéologie, il convient de ne pas négliger l'existence de pratiques parfois reléguées à un statut de « folklore » rural. Elles demeurèrent actives et se pérennisèrent, même éloignées de celles de l'élite socio-politique dominante.

## Le bouddhisme en Thaïlande

Du VIe siècle à l'avènement de la dynastie des Chatri – dont Mongkut fut le quatrième souverain – trois grandes étapes structurent l'histoire du bouddhisme en Thaïlande.

- La première concerne les populations mônes, progressivement indianisées qui dominèrent la Thaïlande centrale du VIe au XIe siècle. Elles constituèrent divers petits États dont les caractéristiques ont défini la culture dite de « Dvāravatī ». Quelle était la religion des Môns de Dvāravatī ? Un Theravāda prédominant, « coloré » par des influences mahāyāniques, hindoues et par des cultes locaux liés aux génies locaux du sol et aux ancêtres ? Une religion royale originale intégrant d'une façon singulière des cultes locaux et des aspects de l'hindouisme à un bouddhisme prééminent ? Hormis la coexistence d'éléments plus ou moins affirmés selon les sites, il est aujourd'hui très difficile de formuler quelque affirmation à ce sujet tant les difficultés d'interprétation du matériel archéologique demeurent présentes.
- Les informations concernant l'histoire religieuse de la Thaïlande commencent à être plus précises avec la présence des Khmers sur le territoire. Ils firent valoir entre le début du XIe siècle et le XIIIe siècle leur adhésion au Mahāyāna et à ses expressions tantriques, de même qu'à l'hindouisme. À partir du XIIIe siècle, ils pratiquèrent un Theravāda empreint d'influences variées.
- La période des rois thaïs est très intéressante pour contextualiser dans un vaste ensemble l'œuvre de Mongkut. Les Thaïs, qui s'installèrent à partir du XIIIe siècle au Siam, fondèrent d'abord les royaumes de Chiangmai et de Sukhothaï et leurs rois choisirent le bouddhisme *theravādin* comme religion.

À de très nombreuses reprises, le souci de la pureté du *saṃgha* conduisit les rois thaïs à faire réviser le *Tripiṭaka*, à réglementer la lecture des textes pālis, à rectifier des usages monastiques jugés litigieux et, d'une façon ou d'une autre, à maintenir un lien avec la tradition pālie du Mahāvihāra de Sri Lanka.

L'efficacité de leur ambition normative s'avéra très relative tant il fut besoin de la réitérer. Leur persévérance dans ce domaine fut toutefois constante. La réforme de Mongkut s'inscrivit ainsi dans une lignée de préoccupations partagées déjà par nombre de ses prédécesseurs.

## Tradition cinghalaise et légitimation du pouvoir royal

Les raisons de cette volonté normative étaient profondes et intimement liées à une conception de la royauté bouddhique telle qu'elle fut notamment cristallisée au XII^e siècle par le roi cinghalais Parakkamabāhu mentionné plus haut.

Cette conception, agrégée à des mythologies et des théories indiennes anciennes, identifiait le roi idéal à un *dharmarāja* : un roi régnant conformément à la Loi bouddhique ; à un *cakravartin* : un monarque universel assurant la bonne marche de la roue du *dharma*. Désigné grâce à des mérites acquis dans ses existences passées, ce roi devait à titre personnel respecter dix vertus royales, détaillées dans l'encadré ci-dessous.

**À noter**

Les dix vertus royales :

- la générosité ;
- la moralité ;
- le détachement ;
- l'intégrité ;
- la mansuétude ;
- le contrôle de soi ;
- la patience ;
- la non-violence ;
- le respect des opinions d'autrui ;
- la fermeté.

Il lui revenait aussi – et de façon quasi « monopolistique » – le devoir de capter et de préserver des reliques ou des objets talismaniques de grande valeur. À l'exemple du Buddha d'Émeraude, conservé aujourd'hui dans la chapelle royale du Grand palais de Bangkok, ces objets constituaient des *palladiums*, des emblèmes tutélaires, chargés d'un pouvoir mystique et magique éminemment protecteur.

Enfin, et surtout, le roi *dharmique* était le garant de la probité monastique, de la conformité des récitations rituelles et des ordinations grâce au respect d'un *Tripiṭaka* « originel et authentique ».

Cela était considéré comme primordial pour l'équilibre social du royaume tout entier. Nous avons vu combien la qualité du bénéficiaire d'un don était essentielle pour la rétribution qu'un donateur pouvait en espérer. Sans pureté de la religion, les dons prodigués à des moines « corrompus » auraient été définitivement privés d'efficacité. Sans communauté monastique vertueuse et correctement ordonnée : pas de mérite engrangé, pas d'horizon de délivrance, pas de peuple en paix. On comprend alors tout l'enjeu du contrôle par le roi du *saṃgha* et toute l'importance de l'identification et de la préservation d'écritures canoniques garantissant – avec les *palladiums* – le rayonnement du monarque et l'irradiation des bénéfices liés aux offrandes faites aux moines.

Le symbole bouddhique de la roue (*cakra*), si puissamment matérialisé dans l'art de la Thaïlande dès la période de Dvāravatī, trouvait avec cette conception du pouvoir royal une vibrante actualisation. Emblème de la dynastie des Chatri, la roue fut tout à la fois le manifeste du rayonnement de la Loi bouddhique, l'un des joyaux traditionnels du monarque idéal et le symbole du rayonnement à partir du centre que devait assurer le roi, le palais et la ville royale.

## Une congrégation au service de la structuration d'un royaume moderne

Mongkut prit le relais des préoccupations de ses prédécesseurs en créant, nous l'avons dit, la congrégation du Dhammayutika et en l'imposant comme le *nikāya* officiel. Outre les objectifs liés à la validité de l'ordination et de l'énoncé du *Tripiṭaka*, Mongkut – puis Chulalongkorn (Rāma V) – firent de cette congrégation un instrument servant plusieurs autres ambitions :

- juguler les luttes d'influence sociopolitiques entre les communautés religieuses tournant parfois à la lutte armée ;
- tempérer des désordres moraux plus ou moins avérés dans les monastères ;
- défaire le bouddhisme *theravādin* de certaines pratiques jugées inappropriées par leur dimension magique ou par trop irrationnelles ou « folklorique » ;
- valoriser un bouddhisme à visée universelle face aux autres religions occidentales ;
- encourager par la *doxa* religieuse officielle l'intégration à la culture thaïe des régions culturellement éloignées de Bangkok ;
- favoriser l'unité du royaume par l'efficience d'un pouvoir centralisé en contrôlant le *saṃgha* et en lui assignant des missions spécifiques.

## Une volonté d'uniformiser les pratiques

Au début du XXe siècle, sous le règne de Chulalongkorn, le Dhammayutika renforça encore son statut de *nikāya* officiel. Il fut dirigé par Vajiranyāna[52] (un fils de Mongkut) qui acquit ainsi tacitement le statut de patriarche du *saṃgha* du Siam. Ses positions furent énoncées en matière d'usages monastiques, de calendrier liturgique mais aussi d'enseignement du *dharma*. Des manuels de doctrine et de discipline furent rédigés à l'intention des novices et des moines. Ces pratiques furent diffusées avec un désir d'uniformisation très appuyé non seulement en matière religieuse mais aussi linguistique – le thaï devenant la langue référente.



52. On trouve aussi pour désigner le nom de ce prince et patriarche la transcription Wachirayan, ou encore Vajirananavarorasa.

## Les résistances

Cette volonté de fixer et d'unifier les usages, mais également les enseignements, suscita des controverses et des oppositions réelles notamment de la part du Mahānikāya, le « Grand *nikāya* ». Cette congrégation qui réunissait la très grande majorité des moines du Siam était peu favorable aux perspectives de :

- renoncer à des pratiques et des usages jugés irrationnels, archaïques ou non conformes au Theravāda par le *nikāya* des Dhammayutika ;
- se priver d'une liberté d'enseignement du *dharma* qui jusqu'alors n'avait jamais été mise en cause dans la mesure où le respect des règles monastiques était avéré ;
- mettre en cause le lien social et coutumier qui l'unissait aux laïcs *via* certains rituels.

Les efforts de Mongkut et de Chulalongkorn pour réformer et unifier le bouddhisme pratiqué dans le royaume du Siam eurent une portée assez limitée si l'on s'en tient aux pratiques et aux croyances religieuses des moines et des fidèles laïcs dans leur ensemble.

## La portée d'une réforme

Le Dhammayutikanikāya dirigé et animé par des membres ou des proches de la famille royale demeura très minoritaire malgré la protection royale, les titres et les honoraires dont ses moines bénéficiaient. Son insistance à vouloir écarter certaines pratiques initiatiques, certains types d'exercices psychophysiques ou autres rituels de protection très populaires, laissa, certes, bien des aspects traditionnels du bouddhisme du Siam dans un relatif « dédain » de l'élite religieuse de Bangkok. Un clivage s'accentua entre les usages d'un bouddhisme réformé, officiel et citadin et un bouddhisme « traditionnel », aux accents parfois contestataires. Même négligées ou affaiblies, les pratiques de ce dernier demeurèrent périphériquement vivantes, pour certaines mêmes intégrées au sein même du *nikāya* du Dhammayutika.

**Des rituels de cour traditionnels**

On peut noter par ailleurs que les visées unificatrices et rationalistes affichées par le roi et le Dhammayutika ne furent pas de la même exigence en tous domaines. Ceci notamment concernant les rituels de cour. Il demeura par exemple d'usage de faire appel à des brahmanes pour certaines pratiques oraculaires, pour les calculs astrologiques destinés à déterminer les jours fastes ou pour des récitations propitiatoires lors des cérémonies d'intronisation. La présence de ces brahmanes demeura également requise lors des grandes fêtes calendaires. Agrégeant des références religieuses disparates, leurs cérémoniels fastueux participèrent de la légitimation d'une royauté ouvertement liée au Theravāda. Ces diverses fêtes véhiculant des conceptions et des représentations si profondément inscrites dans l'histoire du Siam, leur bien-fondé ne fut pas discuté mais au contraire valorisé jusqu'à nos jours avec un faste ostentatoire joyeusement accueilli par la très grande majorité de la population.

Si la réforme religieuse de Mongkut et de son successeur eut donc des résultats mesurés sur bien des pratiques et des croyances très profondément inscrites dans l'histoire du bouddhisme en Asie du Sud-Est, sa portée fut plus déterminante dans deux domaines :

- celui du renforcement de la hiérarchisation étatique du *saṃgha* ;
- et celui de la structuration progressive de l'éducation nationale.

Chulalongkorn renforça des dispositions prises dès le XVe siècle par les rois thaïs pour s'assurer la fidélité d'une clientèle religieuse gratifiée par des titres honorifiques, des dons et des privilèges.

## La réforme éducative

Décidée dès 1875, il revint à Vajiranyāna, frère de Chulalongkorn et supérieur du Dhammayutika de mettre en œuvre une réforme éducative. Les monastères furent chargés de participer à la structuration sociale et scolaire de l'État et il fut décidé de mettre à contribution le réseau monastique implanté sur tout le territoire pour développer l'instruction de la population. Les pagodes urbaines ou rurales furent désormais chargées d'accueillir les enfants suivant des normes pédagogiques plus rigoureuses que celles suivies jusqu'alors. Dans le cadre d'une instruction élémentaire ouverte à tous, il fut demandé aux moines de dispenser, en thaï, des cours dans les disciplines profanes de la lecture, de l'écriture et de l'arithmétique (les disciplines religieuses faisant l'objet de cursus distincts).

**Tenter d'atténuer les particularismes régionaux**

Imposant, *via* les manuels pédagogiques une langue, un alphabet et des savoirs élémentaires communs, la réforme scolaire assumée dans un premier temps par le *saṃgha* visait clairement à étendre l'influence culturelle de Bangkok, à intégrer les régions plus ou moins dissidentes et à atténuer les particularismes régionaux.

## Un lien étroit entre pouvoir politique et religion

Même de façon moins ouverte et résolue, cette utilisation du *saṃgha* au service d'un projet politique fut réitérée à plusieurs reprises au cours du XX$^{e}$ siècle. Elle suscita tantôt des réticences plus ou moins appuyées, tantôt des allégeances consenties afin de mieux s'opposer au communisme ou au consumérisme.

Aujourd'hui, dans un royaume où le bouddhisme demeure une référence identitaire et morale revendiquée par quelque 93 % de la population, les questions de probité du *saṃgha* sont toujours observées avec beaucoup d'intérêt. Si le roi ne dispose plus de pouvoirs exécutifs, son autorité symbolique demeure très forte et éminemment respectée. Les débats sur le pouvoir du *saṃgha* et sur l'inscription du bouddhisme dans les institutions demeurent d'actualité et soulignent la permanence de liens de dépendance entre politique et religion.

CHAPITRE 10

# TOURMENTS ET ÉGAREMENTS : LE BOUDDHISME SOUS L'ÈRE MEIJI (1868-1912)

**Au programme**

- Le rejet brutal d'une religion « étrangère » installée au Japon depuis le VI^e siècle
- Séparer les *kami* des *buddha*
- L'adaptation des élites bouddhistes
- Un bouddhisme pour l'Occident ?

D'une façon remarquablement continue, le bouddhisme exerça du début du VII^e siècle au début de la période Meiji (1868) une influence profonde sur la vie du Japon. Il marqua la culture et la sensibilité de son peuple de façon manifeste ou discrète à tous les niveaux de la société, en commençant par les élites, pour se diffuser lentement vers les populations villageoises.

# Le rejet brutal d'une religion « étrangère » installée au Japon depuis le VI^e^ siècle

Une statue de Buddha en bronze doré, des dais et des bannières, quelques *sūtra* et traités doctrinaux. Tels furent les tous premiers éléments du bouddhisme introduits de façon officielle au Japon vers 550 par l'intermédiaire d'une ambassade coréenne dépêchée auprès de l'empereur Kinmei. Le *dharma*, reçu comme une des expressions de la culture chinoise, fut associé au prestige de cette dernière. Après quelques interrogations ou réticences, il fut d'abord accueilli comme une doctrine apte à pourvoir de multiples bienfaits et, plus tard, compris comme un appui utile à l'affirmation du pouvoir du souverain et à la protection de l'État.

## L'héritage culturel continental

On retient du bouddhisme japonais qu'il constitua, jusqu'en 1868, un phénomène religieux dont l'érudition demeura longtemps non seulement attachée aux sources chinoises, mais dépendante de la maîtrise du chinois classique puisque l'essentiel de ses textes ne fut pas traduit en japonais avant le XX^e^ siècle. Dans leur ensemble, ses nombreuses écoles – parfois rivales malgré leurs emprunts respectifs – demeurèrent largement attachées aux enseignements doctrinaux continentaux. À l'exemple de l'école de Nichiren, certaines d'entre elles s'en émancipèrent toutefois pour constituer des voies d'expressions bouddhiques pleinement japonaises.

## Une relation étroite avec le shintō

Quels qu'aient été leurs fondements doctrinaux, les pratiques et les croyances des différentes écoles s'amalgamèrent très tôt au shintō, la religion autochtone de l'archipel. C'est dans une relation de complémentarité avec cette dernière que le bouddhisme constitua, jusqu'à l'ère Meiji, un socle idéologique utilisé par les puissants (empereurs ou shoguns) pour assoir leur autorité. Les institutions monastiques entretinrent ainsi des relations privilégiées avec l'État (très soucieux de leur contrôle) en apportant notamment leur soutien spirituel pour la protection du pays.

### La rupture de Meiji

Mettant fin aux divisions opposant d'importantes familles guerrières au shogunat de la dynastie des Tokugawa, le jeune empereur Mutsuhito (Meiji) instaura en 1868 un nouveau régime impérial et décida de faire de son pays un État moderne. Le temps de son règne : l'ère Meiji – ère de la « politique éclairée » – marqua une profonde rupture dans l'histoire du Japon et eut un impact considérable sur sa vie religieuse – qu'il s'agisse de ses expressions *shintō* ou bouddhiques. Si le shintō fut réinventé et instrumentalisé en faveur d'une nouvelle culture nationale mise au service de la légitimation du pouvoir impérial, le bouddhisme désigné alors comme religion étrangère fut mis à l'écart et affecté par une répression d'une ampleur sans précédent. Ses moines furent rendus à la vie séculière et 40 000 de ses édifices furent abandonnés, très sérieusement endommagés ou détruits. Si la violence de ce radicalisme ne dura pas, ses fondements idéologiques continuèrent toutefois à affecter en profondeur la vie religieuse du Japon. Leur effets – parfois très sombres – initièrent des évolutions doctrinales du bouddhisme japonais et marquèrent aussi l'histoire naissante du bouddhisme en Occident.

## Séparer les *kami* des *buddha*

Afin de préserver l'indépendance du Japon face aux puissances occidentales, la rénovation de Meiji associa deux ambitions :

- la construction d'une identité nationale forte,
- et l'ouverture résolue à la modernité.

C'est pour assumer la première de ces ambitions que l'empereur décida de dessiner les contours d'une nouvelle religion capable de fédérer le peuple autour de sa personne et de lui conférer une autorité de nature divine lui accordant le statut de « dieu manifesté sous forme humaine ». Lui et ses conseillers décidèrent pour cela que le Japon ferait retour à un shintō originel, débarrassé de ses « scories » bouddhiques.

### Le shintō

Le shintō, dont les plus anciennes expressions sont antérieures à l'introduction du bouddhisme au Japon, procède de la célébration de rites agraires et de la vénération d'innombrables *kami*. Ces puissances divines (dont la mythologie rapporte la geste des plus importantes d'entre elles), sont associées pour la plupart aux éléments atmosphériques et aux éléments du paysage que sont les collines, les rochers, les cascades mais aussi les arbres. Elles peuvent aussi être liées à l'esprit d'ancêtres prestigieux.

Les *kami* assument volontiers un rôle protecteur et sont à cet effet propiciés lors de rituels d'invocation ou de purification. Le respect du tabou de l'impureté (liée à la mort et aux matières organiques notamment) étant particulièrement présent dans le shintō, il convient de se prémunir de toute souillure ou de s'en libérer. On se purifie et on purifie rituellement les lieux de séjour des *kami* afin d'éloigner tout risque de contamination préjudiciable au contact maintenu avec ces derniers.

Le volontarisme de cette entreprise allait faire fi de deux difficultés essentielles. La première, celle de retrouver les contours de ce shintō originel. La seconde, celle de départir durablement de la vie religieuse du Japon de ce qui relevait de la voie des *kami* de celle des *buddha*.

## Le *Kojiki* et les Études nationales

C'est avec pour appui les travaux philologiques conduits dans la deuxième moitié du XVIII^e^ siècle dans le cadre des Études nationales que ce shintō originel fut « identifié » dans des textes rédigés au début du VIII^e^ siècle. L'un d'entre eux, le *Kojiki*, *Les chroniques des choses anciennes*, retraçait les mythes fondateurs du Japon et mettait en évidence les liens entre les généalogies divines et dynastiques. Il acquit à ce titre une importance particulière. Si sa première édition imprimée en 1644 suscita un vaste mouvement d'étude, c'est l'exégèse qu'en fit Motoori Norinaga entre 1764 et 1768 qui retint l'attention des théoriciens de l'idéologie de l'ère Meiji.

Sa lecture notamment leur permit :

- d'accorder au *Kojiki* le statut d'un véritable *« livre sacré de la fondation du pays »* ;
- de prôner la quête de l'authenticité d'une culture ancestrale par la restauration du shintō ;
- de donner une nouvelle assise aux thèses théocratiques soutenant la continuité entre la déesse solaire Amaterasu et l'Empereur lui-même ;
- de justifier l'anathème porté sur le bouddhisme comme religion subversive et étrangère ;
- d'exalter la sacralité du sol japonais pour appuyer un nationalisme virulent.

La fondation d'un shintō d'État fut donc décidée. Elle procéda :

- d'une hiérarchisation des sanctuaires avec à leur tête le grand sanctuaire d'Ise (dédié à la déesse solaire Amaterasu) ;
- d'une campagne de « propagation du grand enseignement » destiné à l'édification de la population ;
- de la séparation des *kami* et des *buddha*, c'est-à-dire de la dissolution autoritaire du syncrétisme shintō-bouddhique qui animait la vie religieuse du pays depuis de nombreux siècles.

### Familles doctrinales

Après la perte d'influence de six premières écoles fondées à l'époque de Nara (710-784), les principales familles doctrinales du bouddhisme japonais furent les suivantes :

- Le Tendai dont le centre principal se trouve sur le mont Hiei est la forme japonaise du Tientai chinois. Il fut fondé par Saichō au début du IXe siècle.
- Le Shingon, fondé par Kūkai au tout début du IXe siècle après que ce dernier eut reçu en Chine les transmissions ésotériques de l'École des *mantra*, relève des enseignements du bouddhisme tantrique.
- Le Jōdo et le Jōdo-shin sont deux écoles se revendiquant – avec des nuances spécifiques – des enseignements fondateurs du moine Honen. Elles placent au cœur de leurs pratiques la foi en le buddha Amida (*sk.* Amitābha) et la récitation de son nom comme exercice essentiel conduisant en sa terre pure.
- L'école de Nichiren porte le nom de son fondateur et fut créée au XIIIe siècle. Elle prône pour unique voie de salut la vénération du *Sūtra du Lotus* et la récitation de sa formule d'invocation.
- Le Zen (ch. Chan) fut introduit au Japon à la fin du XIIe siècle. Les trois branches principales qui s'y épanouirent furent les branches Rinzai, Sōtō en un premier temps et ensuite Ōbaku. De la fin du XVIe siècle à la première moitié du XIXe siècle la première d'entre elles, déjà proche du pouvoir au XIIe siècle, fut particulièrement influente auprès des *shogun* de la période d'Edo.

À la veille de Meiji, ce syncrétisme initié dès le VIIe siècle avait en effet vu ses bases théoriques s'élaborer depuis le XIe siècle. Les *kami* étaient depuis lors considérés comme des manifestations locales ou des « traces » des *buddha* ou des *bodhisattva*. Ils étaient honorés et propiciés dans des chapelles des temples bouddhiques par des offrandes et des récitations de *sūtra*. La déesse solaire Amaterasu, à titre d'exemple, était reconnue par l'école ésotérique du Shingon comme une manifestation de Dainichi-nyorai (Mahāvairocana), le *buddha* dont la lumière rayonne dans toutes les directions. Quant aux sanctuaires *shintō*, l'habitude fut prise de faire construire dans leurs enceintes des chapelles dédiées aux grandes figures vénérées du bouddhisme.

Le décret de mars 1868, ordonnant cette séparation des *kami* et des *buddha*, suscita un mouvement de destruction des bâtiments, des statues et des objets de culte bouddhiques. Il se poursuivit pendant presque cinq ans. Sa vigueur fut à la mesure du volontarisme des autorités mais aussi des critiques et des ressentiments nourris depuis le début du XVII^e^ siècle à l'encontre des institutions bouddhiques.

Si les cercles intellectuels des Études nationales et les néo-confucéens voyaient en ces institutions les manifestations d'une religion préjudiciable aux intérêts de l'État, la population villageoise leur reprochait les prérogatives qu'elles s'étaient octroyées dans le domaine de l'accompagnement des défunts. Il revenait en effet aux moines bouddhistes de s'occuper des funérailles et des cérémonies dédiées aux ancêtres. Ces fonctions, assorties d'honoraires rituels, furent vécues de façon d'autant plus abusive que l'État imposa à chaque individu de se faire inscrire sur les registres d'un monastère d'attache. Cette mesure, qui visait en fait à prévenir toute conversion au christianisme, ne cessa de nourrir un ressentiment très vif à l'égard d'une population monastique dont les convictions étaient régulièrement mises en doute.

Malgré la profondeur de ce ressentiment, malgré la vigueur de leurs injonctions *haibutsu kishaku* « rejeter les *buddha* abolir Śākyamuni », les autorités de Meiji se rendirent assez vite à l'évidence. L'intrication du bouddhisme et du shintō n'était pas si facile à défaire et la dissolution autoritaire de ce syncrétisme les mettait elles-mêmes dans des impasses ou des difficultés certaines. Des « assouplissements » furent apportés en 1873 au décret de 1868.

## L'adaptation des élites bouddhistes

Bien qu'ébranlées par les violences perpétrées à l'encontre de leurs monastères et de leurs temples ainsi que par la rupture du lien qui les unissaient au pouvoir depuis de nombreux siècles, les élites bouddhiques décidèrent très majoritairement de s'adapter. Elles prirent le parti de montrer leur loyauté envers l'Empereur et de conduire des réformes témoignant de leur engagement en faveur de la modernisation et de « l'ouverture à la civilisation ».

## Un soutien sans faille à l'empereur

Leur contribution la plus sombre apportée à l'idéologie de Meiji fut leur engagement ultranationaliste et leur soutien à l'impérialisme militaire engagé par le Japon. Les guerres sino-japonaise (1894-1895) puis russo-japonaise (1904-1905) furent ainsi soutenues comme des « causes justes » engagées dans le but de triompher des maux menaçant la « civilisation ».

**À noter**

> Très rares – et d'autant plus exposés à la répression du pouvoir – furent les religieux qui opposèrent une contestation au militarisme généralisé du *saṃgha* japonais. Lorsqu'ils furent arrêtés – et pour certains exécutés par les autorités pour crime de lèse-majesté –, leurs écoles d'attache présentèrent des excuses publiques à l'Empereur pour le manque de vigilance ayant permis la dissidence de certains des leurs.

La collaboration des élites bouddhistes aux ambitions militaristes du Japon se poursuivit durant la Seconde Guerre mondiale. Elle donna lieu, près de quarante ans après la signature de l'armistice, à des déclarations publiques reconnaissant les torts passés.

## Un nouvel intérêt pour l'étude historique des textes

Le souhait de souscrire aux ambitions de l'ère Meiji eut d'autres incidences. Moins violentes, elles furent déterminantes pour l'avenir de l'érudition bouddhique. *En « cherchant dans le monde entier les diverses connaissances et s'en servir pour promouvoir la politique impériale »,* les élites bouddhistes décidèrent de se former aux sciences humaines, notamment à la philologie et la lecture critique des textes sacrés telles qu'elles se développaient en Europe dans les milieux universitaires depuis plus d'un demi-siècle. Plusieurs moines japonais vinrent ainsi se former dès 1878 en Grande-Bretagne auprès de Max Müller, éminent orientaliste et éditeur à Oxford des volumes de la collection *The Sacred Books of the East*. Étudiant le sanskrit et le pāli, ils découvrirent aussi bientôt les travaux de la Pāli Text Society fondée en 1881 par T. W. Rhys Davids et avec eux les sources du bouddhisme *theravādin* cinghalais. Un nouveau choc ébranla le *saṃgha* japonais : les *sūtra* du Mahāyāna étaient-ils bien porteurs des enseignements originels et authentiques du Buddha historique ? Comment désormais positionner les écoles bouddhiques japonaises, nationalement comprises comme les expressions les plus accomplies du Mahāyāna, dans le concert d'enseignements bouddhiques totalement ignorés jusqu'alors ? Les débats furent intenses. Deux personnalités aux approches distinctes y contribuèrent largement : Murakami Sensho (1851-1929) et Inoué Enryo (1858-1919). Ils revendiquèrent tous deux la volonté de forger l'étude historique et critique du bouddhisme au Japon et celle de le moderniser. Cela, à la lumière des nouvelles sciences religieuses mais aussi des catégories de la philosophie.

## Une nouvelle façon de présenter le bouddhisme

Une des manifestations de cette modernisation procéda chez certains réformistes de la volonté de défaire le bouddhisme de ce qui apparut alors à leurs yeux comme relevant de la « superstition ». Inoué Enryo fut un des premiers hérauts de cette démarche. Intégrant des catégories de pensée alors très présentes en Occident, il s'efforça de désigner ce qui pour lui relevait de la « superstition » bouddhique et de la « religion » bouddhique. Il dénonça alors les rituels de protection contre les dangers, les esprits néfastes ou les malédictions, il renonça aux principaux fondements de la cosmologie du Mahāyāna, il conféra une existence métaphorique aux entités vénérées et s'efforça à travers ses publications de présenter le bouddhisme comme un système philosophique.

Ce genre de positionnement intellectuel eut de nombreux avatars dans les cercles universitaires ou dans les associations bouddhiques du Japon. Il trouva en Occident une écoute tout particulièrement attentive.

## Un bouddhisme pour l'Occident ?

### Le Parlement des religions

En Europe et en Amérique du Nord, la découverte des textes bouddhiques n'intéressait pas seulement les philologues et les historiens mais également les philosophes et de nombreux groupes extra universitaires. Animés par diverses orientations littéraires, psychanalytiques ou mystiques, ces deniers virent dans les religions d'Asie un ensemble de sagesses capables d'apporter à l'Occident des réponses nouvelles aux questions spirituelles et sociales des temps modernes. Le Parlement des religions réuni à Chicago en 1893 répondit à plusieurs de leurs motivations lors d'un congrès auquel des religieux de toutes confessions furent invités à exposer leur doctrine et à dialoguer avec différents philologues et spécialistes des religions comparées. Les échos et les prolongements de ce congrès furent importants. Ils contribuèrent notamment à forger dans l'opinion publique occidentale une perception du bouddhisme (*zen* et *theravādin* notamment) d'autant mieux recevable qu'elle entrait en affinité avec certaines attentes idéologiques de cette époque.

La délégation japonaise invitée à ce congrès était composée de quatre religieux et deux laïcs représentants de différentes écoles. Il revint à Shaku Shoen de l'école *zen rinzai* d'être plus particulièrement remarqué à l'occasion de son exposé sur la Loi de coproduction conditionnée. Shaku Shoen avait compté parmi les premiers moines envoyés en Grande-Bretagne pour se former aux sciences religieuses européennes. Loyaliste et réformiste convaincu, il entretenait des liens étroits avec le moine cinghalais Dharmapāla (lui aussi invité à Chicago) et partageait sa quête d'un « bouddhisme authentique ». C'est à la suite du congrès du Parlement des religions de Chicago qu'il fut chargé par Paul Carus, rédacteur en chef de la revue *Open Court Publishing,* d'envoyer un interlocuteur anglophone proche de son école en Amérique. Ce qu'il fit en dépêchant aux États-Unis son élève Suzuki Daitetzu Teitaro (1870-1966) formé aux études bouddhiques de l'université de Tōkyō.

## L'influence de Suzuki

Les enseignements en anglais de Suzuki suscitèrent un grand enthousiasme dans certains milieux aux États-Unis puis en Europe. Ils contribuèrent à forger en Occident une perception du bouddhisme *zen* tout à fait dépendante des orientations réformistes de son temps, de sa propre lecture du Mahāyāna et de la présentation d'un Zen qu'il mit à la disposition des Occidentaux assez peu aptes, selon lui, à en saisir vraiment l'essence.

Cette présentation rencontra en Occident les intérêts de toute une mouvance d'associations et de sociétés qui privilégiaient une lecture universaliste des textes sacrés et y cherchaient une « essence » spirituelle commune à toutes les religions (volontiers défaites au passage de leurs ancrages culturels ou institutionnels).

De fait, au début du XXe siècle, la conjonction :

- de la surexposition des positions réformistes des bouddhistes eux-mêmes (japonais ou cinghalais) ;
- des attentes de certains milieux occidentaux éloignés des méthodes d'analyse critique et historique des textes ;
- de la prééminence au sein des universités des études philologiques face aux sciences sociales tout juste émergentes ;

privilégia longtemps la « fiction » d'un bouddhisme-philosophie *anhistorique*, ignorant les expressions dévotionnelles portées par la foi de millions de fidèles en Asie. Véhiculée par l'enthousiasme de ses promoteurs, elle eut un succès dont les échos furent largement portés par la contre-culture américaine des années 1950. Ils se font encore entendre aujourd'hui dans bien des milieux médiatiques ou spiritualistes.

# INDEX

## L



## M



## N



## O



## P



## R



## S

## T



## U



## V



## Y

# BIBLIOGRAPHIE

## Sources


*Choix de Jataka, Extraits des Vies antérieures du Bouddha*, traduit du pali par Ginette Terral, Paris, Gallimard, 1958.

*Conseils au roi Nagarjuna*, traduit du tibétain par George Driessens sous la direction de Yonten Gyatso, Paris, Seuil, 2000.

*La Perfection de sagesse, Soutras courts du Grand Véhicule*, suivis de *L'enseignement de d'Akshayamati*, traduits du tibétain par George Driessens sous la direction de Yonten Gyatso, Paris, Seuil, 1996.

*Le Bouddha, Dhammapada, Les stances de la Loi*, introduction et traduction inédite de Jean-Pierre Osier, Paris, GF Flammarion, 1997.

*Le sutra du Lotus*, traduit du chinois par Jean-Noël Robert, Paris, Fayard, 1997.

*Le traité de Bodhidharma*, traduit et commenté par Bernard Faure, Paris, Le Mail, 1986.

*Le traité du Milieu*, *Nagarjuna*, traduit du tibétain par George Driessens sous la direction de Yonten Gyatso, Paris, Seuil, 1995.

*Les entretiens de Lin-Tsi*, traduits du chinois et commentés par Paul Demiéville, Paris, Fayard, 1972.

*Les inscriptions d'Asoka*, traduites et commentées par Jules Bloch, Paris, Les Belles Lettres, 1950.

*Sermons du Bouddha*, traduction intégrale de 25 sermons du canon bouddhique par Mohan Wijayaratna, Paris, Cerf, 1988.

*Soutra des dix terres, Dashabhumika*, traduit du chinois et présenté par Patrick Carré, Paris, Fayard, 2004.

*Vivre en héros pour l'éveil, Shantideva*, traduit du tibétain par George Driessens sous la direction de Yonten Gyatso, Paris, Seuil.

## Études

BAREAU, André, *Recherches sur la biographie du Buddha*, Paris, EFEO, 1995.

BERTHON, Jean-Pierre, « La répression à l'encontre des "nouvelles religions" dans le Japon impérial (1868-1945) » in *État, religion et répression en Asie, Chine, Corée, Japon, Vietnam (XIIIe – XXIe siècles)*, Paris, Karthala, 2011.

BIZOT, François, *Le Bouddhisme des Thaïs*, Bangkok, Éd. des Cahiers de France, 1993.

CHENG, Anne, *Histoire de la pensée chinoise*, Paris, Seuil, 1997.

DESPEUX, Catherine (éd.), *Bouddhisme et lettrés dans la Chine médiévale*, Paris-Louvain, Peeters, 2002.

FAURE, Bernard, *Bouddhisme et violence*, Paris, Le Cavalier Bleu, 2008.

FAURE, Bernard, *Bouddhisme, philosophies et religions*, Paris, Flammarion, 1998.

FAURE, Bernard, *Sexualités bouddhiques – Entre désirs et réalités*, Paris, Champs Flammarion, 1994.

FRANK, Bernard, *Le panthéon bouddhique au Japon – Collections d'Émile Guimet*, Paris, RMN, 1991.

GERNET, Jacques, *Les aspects économiques du bouddhisme dans la société chinoise du Ve au Xe siècle*, Saigon, EFEO, 1956.

GREGORY Peter N. & GETZ Daniel A., *Buddhism in the Sung*, Honolulu, University of Hawaï Press, 1999.

HERAIL, Francine (sous la dir.), *Histoire du Japon des origines à nos jours*, Paris, Hermann Éd., 2009.

JHA, D. N., *Early India – A concise History*, New Delhi, Manohar, 2004.

KARMAY, Gyaltsen Samten, *Le Manuscrit d'Or, Visions secrètes du Ve Dalaï Lama*, Paris, Findakly, 1988.

KETELAAR, James Edward, *Of Heretics and Martyrs in Meiji Japan – Buddhism and Its Persecution*, Princeton, Princeton University Press, 1990.

POMMARET, Françoise (dir.), *Lhasa lieu du divin*, Genève, Olizane, 1997.

SALOMON, Richard, *Ancient Buddhist Scrolls from Gandhara – The British Library Kharosthi Fragments*, London, The British Library, 1999.

SCHOPEN, Gregory, *Bones, Stones, and Buddhist Monks – Collected Papers on the Archeology, Epigrapy and Texts of Monastic Buddhism in India*, Honolulu, University of Hawaï Press, 2004.

SCHOPEN, Gregory, *Buddhist Monks and Business Matters – Still More Papers on Monastic Buddhism in India*, Honolulu, University of Hawaï Press, 2004.

SCHOPEN, Gregory, *Figments and Fragments of Mahayana Buddhism in India – More Collected Papers*, Honolulu, University of Hawaï Press, 2005.

SKILLING, Peter (dir.), *Images et imagination, Le bouddhisme en Asie*, Paris, Musée Guimet, EFEO, 2009.

STRIKMANN, Michel, *Mantra et mandarins, Le bouddhisme tantrique en Chine*, Paris, Gallimard, 1996.

VICTORIA, Brian, *Zen at War*, New York, Weatherhill, 1997.

WALPOLA, Rahula, *L'Enseignement du Bouddha d'après les textes les plus anciens*, Paris, Seuil, 1961.

WHITE, David Gordon (éd.), *Tantra in Practice*, Princeton Oxford, Princeton University Press, 2000.

ZURCHER, Erik, *The Buddhist Conquest of China – The Spread and Adaptation of Buddhism in Early Medieval China*, Leiden, Brill, 2007, (première publ. 1959).

## Dans la même collection

EYROLLES PRATIQUE
Philippe Gouédard
LE TAÏ CHI
Un programme en QUATRE SEMAINES
pour retrouver jour après jour
ÉNERGIE PHYSIQUE
et HARMONIE SPIRITUELLE
EYROLLES

EYROLLES PRATIQUE
Philippe Gouédard
LE QI GONG
Un programme modulable pour retrouver
jour après jour ÉNERGIE PHYSIQUE
et HARMONIE SPIRITUELLE
EYROLLES

EYROLLES PRATIQUE
Françoise Colombo
LE YOGA
Fondements, postures
et exercices
EYROLLES

EYROLLES PRATIQUE
Laurence Luyé-Tanet
LA MÉDITATION
Un ART DE VIVRE AU QUOTIDIEN,
pour LÂCHER PRISE et
retrouver le BIEN-ÊTRE dans sa vie
CD AUDIO
OFFERT
EYROLLES

EYROLLES PRATIQUE
Sylvie Verbois
LES CHAKRAS
Exercices de MÉDITATION
pour s'initier à la SPIRITUALITÉ hindoue
et trouver la PAIX INTÉRIEURE
CD-AUDIO
OFFERT
EYROLLES

EYROLLES PRATIQUE
Sylvie Verbois
L'ÂYURVEDA
Comprendre les fondements et pratiquer
au quotidien pour profiter des bienfaits
de la MÉDECINE INDIENNE
EYROLLES

Verbois
EYROLLES
Les mandalas
Exercices de méditation
EYROLLES

EYROLLES PRATIQUE
Sylvie Verbois
LA PHYTOTHÉRAPIE
Une synthèse de référence ILLUSTRÉE
pour découvrir LES VERTUS
et profiter des BIENFAITS DES PLANTES
EYROLLES

PEFC
10-31-2541
Certifié PEFC
Ce produit est issu de forêts gérées durablement et de sources contrôlées.
pefc-france.org

Achevé d'imprimer par Normandie Roto Impression s.a.s.
sur papier offset Ambergraphic 90g
N° d'imprimeur : 1600355
Dépôt légal : février 2016

*Imprimé en France*